크리스천 직장인의
경제적 자유를 위한

천천히
부자 되기

이덕락 지음

쿰란출판사

추/천/사

크리스천이 직장에서 승리하는 삶을 사는 방법에 대해 잘 정리하였다. 그중에서도 크리스천 직장인이 돈에 대한 집착 없이 하나님의 방식과 법대로 경제적 자유를 달성할 수 있는 실제적인 방법을 쓴 부분에 관심이 간다. 내가 쓴 《깨끗한 부자》의 실천 편이라는 느낌이 들기 때문이다. 돈에 대한 사랑함을 내려놓으면 누구나 실천할 수 있는 방법이라고 생각한다. 이 책을 통해 많은 크리스천 직장인들이 깨끗한 부자가 되고 또 이 땅에서 쌓은 부를 하나님 뜻대로 바로 써서 하늘에 보물을 쌓는 사람이 되기를 바란다.

김동호
(피피엘 이사장, 前 높은뜻숭의교회 담임목사)

추/천/사

저자는 포항공대 법인 부이사장으로 재직 시 기금 관리 업무를 하면서 기존의 방법과는 다른 새로운 주식 투자 방법이 있다는 것을 깨닫고, 이 방법을 '천천히 부자 되기'라는 제목의 강연을 통해 기회 있을 때마다 교수, 직원, 대학원생들에게 소개하였다. 이 강연을 들은 많은 사람들이 저자가 제안하는 새로운 투자 방법에 공감하여 이 방법으로 투자를 시작하여 지속하고 있다. 저자의 강연 내용을 정리한 이 책은 본업에 집중하면서도 경제적 압박에서 벗어날 수 있는 쉽고도 명확한 방법을 가르쳐 준다. 이 책은 독자들에게 단순히 경제적으로 자산을 증식하는 것뿐만 아니라 자신의 소명과 사회에서의 역할에 대해서도 깊이 생각할 거리를 던져 주는 책이 될 것으로 생각한다.

김성근
(포항공과대학교 총장)

추/천/사

크리스천은 직장에서 믿는 자와 믿지 않는 자 모두에게 본이 되는 삶, 일도 잘하면서 작은 예수가 되어 주위 동료들을 돕고 배려하는 삶을 살아야 한다. 하지만 현실적으로 쉽지 않다. 나는 이 책의 저자와 같은 회사에서 오랫동안 같이 생활한 적이 있다. 저자는 내가 본 직장인 중 하나님께서 기뻐하시는 삶을 몸소 실천하고 매순간 승리하는 삶을 사시는 분으로 기억한다. 이 책은 저자의 경험을 바탕으로 크리스천이 어떻게 하면 직장에서 승리하는 삶을 살 수 있을지에 대해 구체적으로 설명하고 있다. 녹록지 않은 현실을 살아가는 크리스천 직장인들에게 많은 도움이 되리라 확신한다.

이희근
(포스코 사장)

프/롤/로/그

"크리스천은 부자가 되면 안 되는가?"

저는 이 질문에 대해 "Why not?"이라고 대답하고 싶습니다. 하지만 한 가지 조건이 있습니다. 부자가 되더라도 깨끗한 부자가 되어야 합니다. 제가 발견한 깨끗한 부자가 되는 방법을 소개하고자 합니다. 끈기만 있으면 누구나 실천할 수 있는 쉽고 확실한 방법입니다.

퇴직이 다가오면서 류시화 시인의 《지금 알고 있는 걸 그때도 알았더라면》이라고 하는 시집 제목과 같은 아쉬움이 있었습니다. 이러한 아쉬움이 동기가 되어 크리스천 직장인들에게 작은 도움이나마 될까 하여, 재정 문제를 포함하여 직장에서 승리할 수 있는 여러 가지 방안들에 대해 정리해 보았습니다.

직장 생활에 필요한 다양한 영역에 대해 두루 언급하였습니다만 재정에 대해서는 별도로 분리하여 집중적으로 다루었습니다. 주로 R&D 분야에서 일했던 제가 주식 투자라는 재정 분야에 대해 쓸 수 있었던 이유는 직장 생활 마지막 3년을 포항공대 법인에서 근무하였기 때문입니다. 포항공대 법인은 국내 사립대학 중 최고 수준의 기금을 보유하고 있으며 기금의 대부분이 주식으로 구성되어 있습니다. 기금 관리 업무를 하면서 자연스럽게 주식 투자에 대한 지식과 경험을 쌓을 수 있었습니다.

  길지 않은 기간이었지만 포항공대 법인에 근무하면서 주식 투자에 대해 그동안에 몰랐던 새로운 것을 알게 되었습니다. '알게 되었다'라고 표현했지만, 저 스스로는 '깨달았다'는 느낌입니다. 그동안 보지 못했던 것을 본 것 같습니다. 주식 투자에 대한 사전 경험이 많지 않았던 제가 선입견 없이 주식시장을 바라본 결과라고 생각합니다. 새롭게 알게 된 방법으로 곧바로 주식 투자를 해 보았습니다. 투자기간은 길지 않았지만 예상한 대로 만족스러운 실적을 얻을 수 있었습니다. 그리고 무엇보다도 주식 투자를 하면서도 주식 자체에 대해 신경을 쓰지 않아도 되는 점이 좋았습니다. 직접 투자를 해보니 제가 알게 된 새로운 주식 투자 방법에 대하여 개인적으로 더욱 확신이 생겼습니다.

 그래서 이를 다른 사람들과 공유하기 위해서 강연 자료를 만들었습니다. 먼저 포항공대 교수, 직원, 학생들을 대상으로 강연을 했고 다음으로 주위의 연구소 및 기업의 직원들을 대상으로 강연을 했습니다. 제 강연을 듣고 제가 제시하는 방법으로 직접 투자를 하는 사람들이 여기저기 생겨났습니다. 큰 보람을 느꼈습니다. 좀 더 많은 사람들에게, 특히 크리스천들에게 저의 방법을 얘기해 주고 싶어 이 글을 썼습니다. 앞에서 얘기한 대로 재정 문제뿐 아니라 직장생활 전반에 대해 제가 경험한 것을 성경말씀에 비춰보며 정리하였습니다.

 저와 같은 연령대의 시니어들은 그동안 자신이 경험한 것들을 다른 사람과 공유하고 싶어 합니다. 하지만 직접 글로 써서 책을 펴내려는 용기를 갖기는 쉽지 않은 것 같습니다. 저 역시 마찬가지였습니다. 마음은 있었지만 용기를 내기가 쉽지 않았습니다. 제가 용기를 내어 책을 쓸 수 있었던 것은 전적으로 포항공대 인문사회학부 박상준 교수님 덕분이었습니다. 제 글에 대해 긍정적인 평가를 많이 해 주셔서 즐겁게 글을 쓸 수 있었습니다. 또한 제가 쓴 글 하나하나에 대해 정성스럽게 리뷰를 해 주셨습니다. 오탈자와 띄어쓰기 교정에서부터 글의 구성이나 논리 전개 등 전반에 걸쳐 세심하게 살펴보고 의견을 주셨습니다. 박상준 교수님의 도움이 없었더라면 아마 이 책은 나올 수 없었을 것입니다. 이 자리를 빌려 박상준 교수님께 깊은 감사의 마음을 전합니다. 그리고 책 출판과 관련하여 많은 도움을 주신 포항공대 정진호 교수님께도 감사드립니다. 또한 책 출간을 내 일처럼 기뻐하는 사랑하는 사위 구교선 교수와 딸 지혜에게 고마움을 전합니다. 무엇보다도 하나님께 기쁨이 되는 책을 쓸 수 있도록 저보다 더 간절히 기도해 준 아내 김옥심 집사에게 깊이 감사드립니다.

2025년 4월

이덕락

차/례

추천사　김동호(피피엘 이사장, 前 높은뜻숭의교회 담임목사) • 3
　　　　김성근(포항공과대학교 총장) • 4
　　　　이희근(포스코 사장) • 5
프롤로그 • 6

1부
직장에서 승리하기

옷자락을 잡으라	16
늙은 견공의 지혜를 빌려라	22
미쳐야 미친다	29
머무는 곳에서 주인이 되라	37
밤마다 추위에 떠는 야명조가 되지 말라	42
보랏빛 소가 되라	50
명왕성의 어린 왕자처럼 일하라	58
상대를 깊게 파악하라	64
냇물에 숯을 씻으라	72
시소 마인드를 가져라	79
세 잔의 차로 상사의 마음을 얻으라	87
앵두를 많이 먹는 법을 배우라	94
동료에게 구두를 벗어 던져 주라	101
계산된 리스크 테이킹이 필요하다	109
히말라야 토끼의 착각에 빠지지 말라	116

2부

천천히 부자 되기

부자에 대한 인식 변화	126
돈과 부자에 대한 성경의 가르침	133
본질과 비본질을 혼동하지 말아야 한다	141
탐심에서 벗어날 수 있는 새로운 주식 투자 방식	147
미장원 원장이 꼬마 빌딩 주인이 된 사연	153
원숭이가 사람보다 주식 투자 실적이 좋은 이유	157
천재 뉴턴도 실패한 개별 주식 단기 투자	163
전체 주식에 투자하라	168
생애 투자	172
생애 투자의 효과와 전망	178
전체 주식 생애 투자에 적합한 상품	183
은근과 끈기는 최고의 무기	190
전체 주식 생애 투자 강연	195
부와 귀가 주께로 말미암고	202

3부

부와 명예를 넘어

감도 따고 별도 따고	212
고맥락 사회에서 깨끗함 유지하기	220
인류세(人類世) 시대의 크리스천의 사명	227
손에 장미 향이 남아 있는 크리스천	234

1부

직장에서 승리하기

　모든 직장인들은 저마다의 꿈을 가지고 있습니다. 큰 꿈을 가진 자도 있고 소박한 꿈을 가진 자도 있습니다. 직장 생활을 20~30년 정도 하고 나면 꿈을 이루어 여유 있게 미소를 지으며 살아가는 사람들도 있고, 꿈이 좌절되어 자기 합리화의 쓴웃음을 지으며 살아가는 사람들도 있습니다.

　여러 사람들이 함께 근무하는 직장에서는 누구나 경쟁을 해야 합니다. 자리는 한정되어 있는데 원하는 사람은 많기 때문입니다. 직장에서 꿈을 이루려면 다른 사람들보다 자질과 능력이 뛰어나야 합니다. 우리는 직장 생활에 필요한 여러 가지 자질들을 끊임없이 배우고 익혀야 합니다. 그래야 자기 계발에 투자한 시간에 비례하여 다른 사람들보다 경쟁 우위에 설 수 있기 때문입니다. 이러한 경쟁 우위는 직장 생활을 성공으로 이끌어 줍니다. 자신의 꿈을 이루게 해줍니다.

　크리스천은 또 직장에서 성공을 하더라도 깨끗하고 정당한 방법으로 성공해야 합니다. 동료들에게 본이 되는 삶을 살아야 합니다.

과정이 정당하고 깨끗하여 다른 사람들에게 본이 되는 성공을 '승리'라 지칭하고 싶습니다. 크리스천은 직장에서 '성공'을 넘어 '승리'를 해야 합니다.

성경 말씀은 지혜의 샘입니다. 이 장에서는 성경 말씀과 개인적 경험에서 얻은 지식으로 크리스천이 자기 계발을 통해 직장에서 승리할 수 있는 방안들에 대해 정리하였습니다.

옷자락을 잡으라

　1990년 5월 뉴질랜드 산악인 피터 힐러리는 에베레스트 정상에서 위성 전화로 아버지께 등정 성공을 알렸습니다. 아버지와 아들의 목소리는 모두 벅찬 감동으로 떨렸습니다. 부친인 에드먼드 힐러리 경이 세계 최초로 에베레스트 등정을 성공한 후, 37년 만에 아들도 아버지가 섰던 바로 그 자리에 선 것입니다.
　앞서가는 아버지는 피터 힐러리에게 삶의 푯대였습니다. 그는 어려서부터 늘 아버지를 따라다녔습니다. 11세의 어린 나이에 아버지를 따라 에베레스트 지역을 등반하기도 하였습니다. 그는 아버지와 같이 되기를 원했습니다. 그래서 아버지의 뒤를 따라 걸으며 차근차근 기초를 다졌습니다. 피터 힐러리가 산악인으로서 성공할 수 있었던 이유는 앞서 걸어가는 아버지를 바라보면서 그 뒤를 부지런히 따라갔기 때문이라고 생각합니다.

남쪽 지방에서 매화가 핀다는 소식이 들려오던 1984년 2월 중순이었습니다. 시외버스가 포항시 경계에 있는 외팔교를 지나자 제 눈앞에 거대한 공장 하나가 나타났습니다. 포항제철이었습니다. 웅장하고 믿음직스러웠습니다. 가슴이 설레었습니다. 벅찬 기대 속에 저는 직장인으로서 새로운 삶을 시작하였습니다.

하지만 새로운 변화는 누구에게나 힘들게 다가오는 것 같습니다. 원하던 회사에 들어왔지만 입사 초기에는 많이 혼란스러웠습니다. 경험하지 못한 새로운 세상의 입구에서 상당히 불안했습니다. 이 회사에서 내가 성공할 수 있을까? 조기 퇴직하지 않고 롱런할 수 있을까? 크리스천으로서 욕먹지 않으려면 어떻게 행동해야 할까? 이런저런 걱정들이 몰려왔습니다. 대다수 사람들이 직장 생활 초기에 이와 비슷한 걱정을 하리라 생각됩니다. 이런 불안과 걱정을 어떻게 극복할 수 있을까요? 아래 성경 말씀에서 그 방안을 찾을 수 있을 것 같습니다.

> 그날에는 말이 다른 이방 백성 열 명이 유다 사람 하나의 옷자락을 잡을 것이라 곧 잡고 말하기를 하나님이 너희와 함께하심을 들었나니 우리가 너희와 함께 가려 하노라 하리라 하시니라(슥 8:23).

하나님을 섬기지 않던 열국 백성이 돌이켜서 하나님을 따르고자 합니다. 그런데 하나님을 어떻게 섬기는지를 모릅니다. 그래서 그들은 오랫동안 하나님을 섬겨 온 유다 사람들의 옷자락을 잡고 그들이 이끄는 대로 따라가고자 합니다.

위의 성경 말씀처럼, 직장 생활을 어떻게 하는지 잘 모르는 신입 사원 시절에는 성경의 열국 백성처럼 '옷자락을 잡을 수 있는 분'이 필요한 것 같습니다. 일과 신앙 면에서 주변 사람들로부터 존경받는 사람을 생각하며 그분의 삶의 모습을 따라가면 좋을 것 같습니다. 경험이 부족한 신입 사원 때는 자신이 존경하는 분의 옷자락을 잡고 그 뒤를 따라가다가, 연륜이 쌓이면 자기만의 차별화된 길을 만들어 앞으로 나아가면 될 것입니다.

저는 직장 생활 초기에 무의식적으로 지도 교수님을 닮고자 했던 것 같습니다. 학교를 갓 졸업한 신입 사원으로서 학창 시절 은사님 외에 아는 사람이 거의 없어 자연스럽게 교수님을 생각하게 된 것 같습니다. 저의 KAIST 지도 교수님은 한동대 총장님으로 많이 알려지신 김영길 박사님이셨습니다. 교수님을 아는 대다수 사람들은 그분의 일에 대한 열정과 사람을 대하는 태도, 순수한 믿음을 대단히 높게 평가합니다. 김영길 교수님같이 훌륭하신 분을 지도 교수님으로 모신 것이 제게는 행운이었다고 할 수 있겠습니다.

김영길 총장님은 KAIST 교수로 재직하실 때 세계가 놀랄 만한 여러 신합금들을 성공적으로 개발하셨습니다. 그중 반도체 리드 프레임 소재는 국내 기술 수출 1호를 기록하기도 하였습니다. 훌륭한 연구 성과들로 인해 국내 유력 일간지 사설에 '국보급 연구자'라는 타이틀로 소개된 적도 있고, 저녁 9시 뉴스에서도 총장님의 연구 업적이 몇 차례 보도되었습니다. 일에 대한 열정으로 우리나라 과학기술 발전에 누구보다도 크게 기여하신 분이라 할 수 있겠습니다.

또한 김 총장님은 누구나 인정하는 믿음의 사람이셨습니다. KAIST 교수로 계실 때는 한국창조과학회 회장을 맡아 많은 사람들에게 기독교 복음을 전파하셨습니다. 한동대 총장으로 부임하신 이후부터 총장님의 믿음의 여정은 가시밭길로 변했고, 말로 다할 수 없는 온갖 믿음의 시련을 겪었습니다. 하지만 결국에는 모든 어려움을 극복하고 소망하시던 '제대로 된 기독교 대학'을 이 땅에 설립하고 또 반석 위에 든든하게 올려놓으셨습니다.

총장님께서는 늘 환히 웃는 얼굴로 주위 사람들을 섬기고 배려하셨습니다. 어느 봄날 한동대 캠퍼스에서 저를 포함하여 KAIST 제자 몇 사람이 총장님과 얘기를 나누고 있었습니다. 그때 우리가 서 있던 곳에서 꽤 멀리 떨어진 잔디밭을 걸어가던 여학생 둘이 총장님을 발견하고는 종종 걸음으로 다가와서 "총장님! 안녕하세요?" 하고 밝게 인사를 했습니다. 총장님께서도 트레이드 마크인 환한 웃음을 지으시며 "응, 그래 너희도 잘 지내지?" 하고 반갑게 화답해 주셨습니다. 여학생 둘은 하던 얘기를 계속하면서 가던 길로 되돌아갔습니다.

저는 이 광경을 보고 내심 많이 놀랐습니다. 서로 가까이 스쳐도 못 본 체하면서 지나가는 경우가 대부분인데, 멀리서 보고 일부러 다가와 총장님에게 인사하는 여학생들을 보면서 신기하다는 생각이

들었습니다. 이 여학생들처럼 많은 사람들이 총장님을 좋아하고 존경하였습니다.

　모든 사람들은 자신이 몸담고 있는 직장에서 성공하기를 원합니다. 즉 업무에서 좋은 성과를 내어 이를 통해 영향력 있는 리더로 승진하고 경제적 보상도 받기를 원합니다. 이러한 성공을 얻기 위해 어떤 사람들은 욕심이 지나쳐 편법, 탈법을 행하기도 합니다. 하지만 크리스천은 성공을 하더라도 깨끗하고 정당한 방법으로 목표를 이루어야 합니다. 조급한 마음으로 절차를 무시하지 말고 단계를 밟아 나가야 합니다. 결과뿐만 아니라 과정도 훌륭해야 합니다.

　일반적인 성공과 구분하기 위해서 과정이 정당하고 깨끗한 성공을 '승리'로 지칭하고 싶습니다. 김 총장님은 KAIST와 한동대라는 일터에서 승리하신 분이라고 말할 수 있겠습니다. 그분은 큰 업적을 내셨지만 그 과정이 항상 정당하고 깨끗했습니다. 그래서 주위 사람들에게 늘 존경을 받았습니다. 직장인 크리스천들의 본이 되셨습니다.

　돌아보면 어떻게 해야 할지 갈피를 잡기 어려웠던 신입 사원 시절을 지도 교수님 덕분에 잘 넘긴 것 같습니다. 사람과의 관계가 힘들어 우울할 때, 환하게 웃으시던 총장님 얼굴이 나도 모르게 환하게 떠올랐습니다. 일이 잘 안 풀려 의욕이 꺾일 때는 리드 프레임 시제품을 들고 직접 미국으로 홍보하러 가시던 총장님이 기억나기도 했습니다. 나도 모르게 총장님 이미지를 자주 떠올린 덕분에 신입 사원 시절을 무난히 넘길 수 있었던 것 같습니다.

　이런 것들 하나하나가 좋은 영향을 미쳐서, 입사 초기에 염려했던 것과는 달리 저는 한 직장에서 40여 년 동안 안정적으로 근무할 수 있었고 능력에 비해 과분한 직책을 맡는 기회도 가질 수 있었습니다.

우리 속담에 "시작이 반"이라는 말이 있습니다. 무슨 일이든지 시작하기가 어렵지 일단 시작하면 반 이상 한 것이나 다름없다는 뜻으로 쓰이는 말이죠. 전적으로 동감합니다. 그리고 여기에 더하여, 시작을 하되 '잘' 시작하면 더할 나위 없이 좋을 것이라 생각합니다. 직장 생활을 처음 시작하는 우리 크리스천들은 성실한 업무 자세, 훌륭한 성품 그리고 신실한 믿음으로 주위 사람들에게 존경받는 분을 자신의 롤 모델로 삼아 그분의 옷자락을 잡고 뒤를 따라가면 직장 생활을 '잘' 시작할 수 있습니다. 산악인 피터 힐러리를 비롯해서 수많은 사람들의 삶이 이를 증명하고 있습니다.

직장생활을 처음 시작하는 크리스천은 꼭 한두 분의 롤 모델을 정해서 그 뒤를 따라가기를 권유드립니다. 승리하는 직장 생활에 큰 도움이 될 것입니다.

늙은 견공의
지혜를 빌려라

직장인은 누구나 다니는 회사에서 성공하기를 원합니다. 고위직으로 승진하여 큰일도 해 보고 싶고, 승진과 함께 따라오는 고연봉으로 경제적 안정도 이루기를 원합니다. 하지만 직장에서 모든 사람이 다 성공할 수는 없습니다. 다시 말해 모두가 다 고위직으로 승진할 수는 없다는 말입니다. 공장을 돌릴 사람도 있어야 하고 시장조사를 할 사람도 필요합니다. 세상에 존재하는 모든 조직은 효율적인 업무 수행을 위해 피라미드 구조를 가질 수밖에 없습니다. 위로 올라갈수록 자리가 점점 줄어듭니다. 따라서 어느 조직이든 구성원들은 서로 경쟁할 수밖에 없는 환경에 놓여 있습니다. 우리가 회사라는 조직에 몸담고 있는 한 이러한 경쟁 구도에서 벗어날 길은 없는 것 같습니다.

경쟁에 뒤처지기 않기 위하여 직장인들은 업무와 관련된 서적을 구입하여 혼자 밤늦게까지 공부하기도 하고 전문가에게 교육을 받기도 합니다. 직장 동료 중에 취침 전에 1시간 동안 어학 공부하기를 오랫동안 지속한 분이 있었습니다. 회식으로 술을 마시고 자정이 지나 귀가해도 이 원칙은 꼭 지켰다고 합니다. 이렇듯 직장인들의 자기 계발 노력은 치열하다 못해 처절하기까지 합니다. 이렇게 필사적으로 노력하는 이유는 두말할 필요 없이 경쟁에서 살아남기 위함입니다.

앞에서 얘기했듯이 직장에서 남들에게 뒤처지지 않고 성장하려면 부지런히 자기 계발을 해야 합니다. 독학이나 전문가의 교육을 통해 새로운 지식도 습득하고, 어학 수준도 높이고, 최신 IT 기술도 배워야 합니다. 모두 다 필요하고 중요한 것들입니다. 이런 활동들에 열심을 내어 자신의 가치를 지속적으로 업그레이드해야 합니다.

여기에 더하여 저는 업무를 잘하기 위한 다른 방법 하나를 말씀드리고자 합니다. 이 방법은 경쟁이 치열하지 않습니다. 여유 있게 천천히 추진하면 됩니다. 하지만 효과는 대단히 큽니다. 먼저 관련된 성경 말씀 한 구절을 인용하겠습니다.

> 늙은 자에게는 지혜가 있고 장수하는 자에게는 명철이 있느니라 (욥 12:12).

성경 말씀은 늙은 자에게 지혜가 있다고 합니다. 그것도 아주 단정적으로 말합니다. 왜 늙은 자에게 지혜가 있을까요? 살아오면서 겪은 여러 가지 경험과 연륜이 늙은 자를 지혜롭게 만듭니다. 한평생 살면서 겪었던 다양한 경험들이 흐르는 세월과 함께 숙성되어 사람은 지혜로워집니다. 경험보다 더 큰 스승은 없습니다.

늙은 자가 지혜롭다는 사실에서 업무를 잘하는 방법을 발견할 수 있습니다. 바로 같은 부서에 계시는 시니어들의 지혜를 빌리는 것입니다. 다시 말해 내가 가고자 하는 길을 먼저 걸어갔던 직장 선배들의 지혜를 배우는 것입니다. 그들은 우리 회사에서 잔뼈가 굵은 사람들입니다. 수많은 어려움을 극복하고 지금에 이르렀습니다. 그러한 경험에서 얻어진 지식과 노하우를 배우는 것입니다.

서적이나 전문가를 통해서도 업무에 필요한 지식을 얻을 수 있지만, 경험 많은 지혜로운 시니어들을 통하면 살아 있는 지식과 노하우를 얻을 수 있습니다. 서적이나 외부 전문가들과는 달리 그들이 전수해 주는 지식과 노하우는 내 몸에 꼭 맞는 맞춤형입니다. 시니어들에게 지혜를 빌려야 하는 이유를 잘 설명해 주는 예화를 하나 소개합니다.

늙은 애완견이 주인을 따라 아프리카 사파리 여행을 갔다가 그만 주인을 잃어버리고 말았습니다. 정신을 차리고 보니 황량한 들판에 사람은 아무도 없고 주위에는 짐승의 뼈다귀들만 뒹굴고 있었습니다.

그때 멀리서 표범 한 마리가 자기를 향해 다가오는 것이 보였습니다. 꼼짝없이 죽게 생긴 늙은 개는 오금이 저려 왔지만 이 위기를 어떻게 벗어날 것인지를 생각했습니다. 그러고는 표범이 오는 쪽을 등지고 앉아 근처에 있던 짐승 뼈 하나를 입에 물었습니다. 표범이 늙은 개를 덮치려는 순간, 늙은 개는 입에 물고 있던 뼈를 내던지면서 이렇게 외쳤습니다.
"와, 역시 고기는 표범 고기가 맛있어. 이거 더 먹고 싶은데 어디 표범 한 마리 더 없나? 쩝쩝쩝."
그 말을 들은 표범은 몸을 돌려 도망치기 시작했습니다(세이노, 《세이노의 가르침》, 데이원, 2023).

아무리 어려운 상황에 처하더라도 지혜가 있으면 어려움을 극복할 수 있음을 보여 주는 예화입니다. 여기서 지혜롭게 행동한 주인공은 '경험 많은 늙은 개'임을 간과하지 말기 바랍니다. 경험 많은 늙은 개는 지혜를 가지고 있었습니다. 그 지혜를 이용하여 위기를 극복하였습니다.

아프리카 초원에서 살아남은 늙은 견공처럼 산전수전 다 겪은 경험 많은 시니어들은 지혜롭습니다. 시니어들로부터 그들의 경험을 통하여 얻은 여러 지식이나 노하우들을 적극 배운다면 직장 생활을 하면서 어떤 어려움을 만나더라도 잘 대처해 나갈 수 있을 것입니다.

요즘 MZ 세대들은 나이 든 사람 얘기 듣기를 싫어합니다. 기성세대의 얘기를 듣는 것은 요즘 트렌드에 어울리지 않는 일이라고 인식하고 있습니다. 시니어들을 '꼰대'라고 부르며 듣지 않으려고 합니다. 단어의 힘이 무서운 것 같습니다. 누가 만든 말인지 모르겠지만 '꼰대'라는 신조어 하나가 신구 세대를 단절시키고 있습니다. 예로부터 모든 지식과 기술은 시니어로부터 주니어에게 자연스럽게 전수되었는데 요즘은 경험과 지식이 아래로 흘러가지 못합니다.

이렇게 된 데에는 1차적으로 시니어들에게 책임이 있다고 하겠습니다. 나이 든 사람은 젊은이에게 잔소리를 하거나 간섭하는 경향이 있습니다. 자신도 젊었을 때는 실수도 하고 미숙하게 행동했을 텐데, 젊은이들이 실수하면 격려나 위로를 하지 못하고 자꾸만 가르치려 드는 것이 문제인 것 같습니다. 시니어들은 스스로 자중해서 꼰대에서 벗어나야 합니다. 그리고 김영민 교수께서 얘기한 '참꼰대'로 변신해야 합니다(중앙일보, "김영민의 생각의 공화국", 2024.5.21). 꼰대가 무턱대고 비판하고 잔소리하는 사람이라면, 참꼰대는 젊은이들의 말과 행동을 제대로 이해하고 그들이 성장하는 데 꼭 필요한 조언을 해줄 수 있는 사람입니다.

주니어들은 너무 시류에 휩쓸리지 말아야 합니다. 모든 시니어들을 꼰대로 생각하여 그들로부터 듣고 배우는 것을 거부하는 것은 대단히 안타까운 일입니다. 시니어 중에는 존경할 만한 참꼰대도 많이 있습니다. 유대인들의 지혜의 책인 탈무드에는 "젊은이들로부터 배우는 것은 덜 익은 과일을 먹고 새 와인을 마시는 것이지만, 노인에게서 배우는 것은 잘 익은 과일을 먹고 오래된 와인을 마시는 것이다"라는 말이 있습니다. 이처럼 탈무드도 노인의 경험과 지혜를 배우는 것을 높게 평가하고 있습니다. 현명한 젊은이라면 시니어들을 무조건 꼰대 취급하지 말고, 자신에게 도움을 줄 수 있는 지혜로운 참꼰대도 많이 있다는 것을 잊지 말아야 할 것입니다.

저는 초급 리더 시절에 나이 많은 R&D 분야 책임자로부터 "네가 하고 싶은 일을 하기 위해 윗사람을 움직이고자 할 때는 눈에 보이는 증거들이 꼭 필요하다. 윗사람은 너의 전문성보다는 그러한 증거들을 더 신뢰한다"라는 조언을 들은 적이 있습니다. 이분은 김영민 교수께서 얘기한 참꼰대에 해당하는 분이라고 생각됩니다. 늘 젊은 직원들에게 직장 생활에 도움이 될 만한 얘기를 해주는 분이셨습니다. 이분에게서 배운 노하우가 나중에 제게 큰 도움이 되었습니다.

본사 기술 분야 임원으로 근무할 때였습니다. 건립된 지 얼마 되지 않은 중국 모 제철소의 제조 원가가 그동안 부동의 1위를 자랑하던 광양제철소의 제조 원가보다 낮아졌다는 소문이 들려왔습니다. 소문의 진위를 확인하기 위해서 다각도로 자료를 수집하고 분석한 결과 사실로 판명되었습니다. 회사가 강력한 라이벌을 만난 것입니다. CEO를 움직여서 전사적인 원가 경쟁력 향상 활동을 해야 할 필요성을 느꼈습니다.

하지만 전사 역량을 총동원하는 프로젝트를 추진하고자 하는 건의를 CEO가 선뜻 받아들일지 확신이 서지 않았습니다. 보고서를 준비하다가, '윗사람을 움직이기 위해서는 눈에 보이는 증거들이 필요하다'는 과거 R&D 책임자로부터 들은 말이 생각났습니다. 그래서 신속하게 출장 일정을 잡아 원가 경쟁력이 우수하다는 중국 제철소를 방문해서 두 눈으로 직접 확인했습니다. 출장에서 돌아와 즉시 CEO께 원가 경쟁력 향상 활동을 대대적으로 추진할 필요가 있음을 말씀드렸습니다. 직접 눈으로 보고 온 중국 제철소 상황도 상세히 보고드렸습니다. CEO께서는 그 자리에서 바로 건의를 받아들이셨고, 전사적인 활동을 시작할 수 있었습니다. 과거에 시니어로부터 배운 노하우가 CEO를 움직이는 데 크게 힘을 발휘하였습니다.

이후 CEO의 전폭적인 지지하에 2년 동안 대대적인 원가 경쟁력 향상 활동을 진행하였습니다. 이 일로 회사의 원가 경쟁력이 많이 개선되었고 저 자신도 크게 성장하는 계기가 되었습니다. 시니어의 경험에서 우러나온 지혜로운 조언이 저의 직장 생활에 큰 도움이 되었던 사례입니다.

나이 든 사람들의 얘기를 듣기 싫어하는 요즘 같은 분위기가 지각 있는 젊은이들에게는 오히려 좋은 기회가 될 수 있습니다. 마음만 먹으면 주위의 훌륭한 시니어들로부터 직장 생활에 필요한 지식과 노하우들을 거의 독점적으로 들을 수 있기 때문입니다. 내가 아무리 똑똑해도 경험자로부터 한 번 듣고 일을 하는 것과 그냥 하는 것은 엄청난 차이가 있습니다. 산전수전 다 겪은 시니어들로부터 그들의 경험에서 뽑아 올린 노하우들을 잘 전수받으면 맹수가 우글거리는 아프리카 초원에서도 살아남을 수 있을 것입니다. 아무리 경쟁이 치열해도 직장에서 성공할 수 있는 방법을 배울 수 있을 것입니다.

대다수 시니어들은 자신의 경험과 노하우를 누군가와 나누고 싶어 합니다. 자신의 경험을 전수받기 원하는 후배를 찾고 있습니다. 우리 주위에 널려 있는 이러한 자원들을 잘 활용하면 좋겠습니다. 이를 통해 회사에서 크게 성공하고 나아가 주위 동료들에게 선한 영향력도 많이 끼치는 승리하는 직장인이 되길 바랍니다.

미쳐야
미친다

　입사 초기 어느 날, 다급하게 문 두드리는 소리에 놀라서 꼭두새벽에 일어난 적이 있습니다. 밖으로 나가 보니 평소 잘 알고 지내던 옆집 아주머니가 안절부절못하고 서 있었습니다. 어젯밤 11시에 교대 근무를 마친 남편이 아직도 집에 들어오지 않았다고 하면서 같이 한번 찾아보자고 애원조로 부탁하셨습니다. 아주머니는 밤새 맘을 졸이면서 남편을 기다리다가 새벽녘이 되자 남편과 같은 회사에 다니는 저를 찾아오신 것이었습니다. 당시는 1980년대 중반이라 휴대폰은 물론이거니와 삐삐도 나오기 전이어서 남편이 집에 들어오지 않아도 특별히 연락할 방도가 없었습니다.
　옷을 대충 챙겨 입고 아주머니와 함께 회사 출퇴근 길을 따라가며 아저씨를 찾아보았습니다. 대략 20분 정도 걸어갔을 때 금방이라도 넘어질 것같이 비틀비틀하며 자전거를 끌고 오는 황색 근무복 차림의 남자가 보였습니다. 멀리서도 아주머니는 자기 남편임을 바로 알아보았습니다. 아저씨께 뛰어가 보니 역한 술 냄새가 진동하였습니다. 아마도 동료들과 함께 지금까지 술을 마시다가 동이 트려 하자 술자리를 끝내고 집으로 돌아오는 중 같았습니다. 아주머니는 아저씨를 부축하고 나는 자전거를 끌고 집으로 돌아왔습니다. 이렇게 해서 새벽 수색 작전(?)은 남의 눈에 띄지 않고 성공적으로 완수되었습니다.

제조업에서 3교대 근무를 하는 경우, 2근 조는 통상 오후 3시부터 밤 11시까지가 근무 시간입니다. 그날 밤 11시에 근무를 마친 옆집 아저씨는 아내가 집에서 걱정하는 것을 아는지 모르는지 동료들과 어울려 밤새도록 술을 마셨던 것입니다. 옆집 아주머니 말로는 자기 남편은 2근 조로 근무하는 날에는 거의 빠짐없이 술을 마시는데, 오늘처럼 밤새도록 마시는 경우도 종종 있다고 하였습니다. 옆집 아저씨는 직장 생활에서 이루고자 하는 특별한 목표나 꿈이 없었던 것 같습니다. 추구할 목표가 없으니 그저 술로써 '세월을 죽이는' 생활을 하는 것 같았습니다. 이런 분을 보면 답답하기도 하고 한편으로는 안됐다는 생각도 듭니다.

직장인 가운데도 아무런 목표 없이 그날그날 시간만 때우며 겉도는 사람들이 꽤 있습니다. 이들에게 일이란 그야말로 '월급 받는 수단' 이상도 이하도 아닌 것입니다. 잘 알려진 매슬로의 '욕구 5단계'에 따르면, 존경받고 싶은 욕구와 자아실현 욕구가 충족될 때 사람은 행복해집니다. 현대인들은 대부분 자신이 하고 있는 일에서 원하던 목표를 달성했을 때 이러한 욕구가 충족됩니다. 따라서 옆집 아저씨처럼 직장 생활에서 목표나 꿈이 없으면 활기를 잃고 현실 도피적인 삶을 살아가기 쉬운 것 같습니다.

크리스천 중에서도 꿈이나 목표 없이 '영혼 없는 직장 생활'을 하는 사람들이 있습니다. 직장에서는 거의 존재감 없이 지내고, 대신 자신이 인정받거나 즐길 수 있는 도피처를 찾습니다. 불신자들이 주로 술이나 오락을 도피처로 삼는 것에 비해 크리스천들은 취미 생활이나 교회 활동에 빠지는 경우가 많은 것 같습니다. 비록 교회 활동이라고 하더라도 직장 일을 소홀히 하면서 거기에만 매달리는 것은 결코 바람직하지 않다고 생각합니다.

직장 생활에서 목표가 없으면 자신의 업무에 집중하기가 쉽지 않습니다. 이룰 목표가 없는 사람에게는 근무하는 시간이 지겹습니다. 무의미한 하루하루를 힘들게 버티면서 겨우겨우 살아갑니다.

야곱은 삼촌 라반의 집에서 처음 7년을 일했을 때 시간 가는 줄 모르고 일에 열중했습니다. 7년간의 일을 마치면 사랑하는 라헬과 결혼한다는, 너무나도 절실한 꿈이 있었기 때문입니다.

> 야곱이 라헬을 위하여 칠 년 동안 라반을 섬겼으나 그를 사랑하는 까닭에 칠 년을 수일같이 여겼더라(창 29:20).

야곱이 가진 꿈은 말 그대로 '가슴 설레는' 꿈이었습니다. 이런 꿈은 일에 대한 열정을 엄청나게 불러일으킵니다. 요즈음 벤처 창업자들에게서 이와 비슷한 뜨거운 열정을 볼 수 있습니다. 그들에게는 수년 안에 대박이 날 것이라는 장밋빛 꿈이 있습니다. 이런 사람들은 꿈을 이루기 위해 밤낮을 가리지 않고 일에 몰두합니다.

'불광불급'(不狂不及)이라는 말이 있습니다. 어떤 일에 광인처럼 미쳐서 몰두하지 않으면 목표로 하는 높은 수준에 도달할 수 없다는 말입니다. 한글의 묘미를 살려 '미쳐야 미친다'로 번역되기도 합니다. 어떤 일에 대해 미친 사람처럼 집중하려면 야곱처럼 자신을 사로잡아 이끌어 가는 꿈이 있어야 합니다. 강렬한 꿈이 있으면 미치게 되고, 미치게 되면 미칠 수 있습니다.

우리가 잘 아는 소리꾼 장사익 님도 꿈에 사로잡혀 불광불급의 삶을 살아오신 분 같습니다. 그분은 직업을 열댓 번 바꾸면서도 자기 안의 작은 씨앗 하나는 절대 버리지 않았다고 합니다. 그것은 바로 노래를 부르며 살고 싶다는 꿈이었습니다. 꿈을 놓지 않았기에, 비록 인생의 봄여름이 다 지나간 마흔다섯 늦은 나이였지만 100석 짜리 소극장에서 감격스러운 첫 무대를 가질 수 있었습니다.

꿈이 활짝 만개한 지금도 여전히 또다른 꿈에 이끌려 살아가고 있습니다. '10년, 20년 후 꽃이 피는 봄날에 주름지고 허리 굽은 노인 하나가 지팡이에 의지한 채 무대에서 노래를 부르는 모습'이 지금 그분이 꾸고 있는 새로운 꿈입니다(조선일보, "아무튼, 주말", 2024.3.23). 너무나 감동적인 꿈입니다. 그 꿈이 꼭 이루어졌으면 좋겠습니다.

사람들이 꿈을 가질 때는 크게 두 부류가 있는 것 같습니다. 김영삼 대통령 같은 분은 소년 시절부터 대통령에 대한 꿈을 가졌습니다. 그 꿈이 그를 최연소 국회의원으로 만들었고 결국 대통령으로 만들었습니다. 제가 상사로 모시고 일했던 CEO 한 분은 입사하면서부터 CEO를 목표로 삼고 일을 하셨습니다. 이렇듯 큰 성취를 이룬 분들 중에는 처음부터 커다란 목표를 설정하고 그 목표를 향해 달려가신 분들이 있습니다.

하지만 저를 포함한 다수 직장인들은 처음부터 거창한 꿈을 꾸기보다는 작게 시작한 꿈이 시간이 흐르면서 조금씩 더 큰 꿈으로 발전해 가는 경우가 많은 것 같습니다. 처음에는 작은 조직의 리더가 되는 것을 목표로 삼다가, 그것을 성취하고 나면 다시 더 큰 목표를 설정해서 추구해 나갑니다. 꿈도 살아 있는 생물과 같아서 계속해서 커지는 것 같습니다.

처음부터 거창한 꿈을 꾸든 아니면 작은 꿈으로 시작해서 큰 꿈으로 발전시켜 나가든, 직장인들은 꿈을 가지는 것이 좋습니다. 그렇다면 직장 생활에서 어떤 꿈을 가져야 할까요? 야곱처럼 직장 생활을 성공적으로 잘해서 자신이 원하는 바를 얻겠다는 목표도 좋을 것 같습니다. 예를 들어 직장 생활을 통해서 경제적 자유를 달성하고, 그것을 통해서 자기가 원하는 것을 하면서 자유롭게 사는 것도 하나의 목표가 될 수 있겠습니다.

그런데 대다수 직장인들은 조직에서 '영향력 있는 리더가 되어 큰 일을 해 보는 것'을 꿈으로 삼지 않는가 생각됩니다. 저 역시 이런 꿈을 가지고 직장 생활을 해 왔습니다. 직장에서 지위가 한 단계 올라갈 때마다 동원 가능한 인적·물적 자원이 크게 늘어납니다. 혼자서는 할 수 없었던 큰일도 조직을 통하면 할 수 있습니다. 계획한 일을 성공적으로 추진하고 나면 엄청난 성취감이 찾아오고 자신에 대한 자부심도 올라갑니다. 다시 말해 행복해집니다. 사람은 그냥 편안하게 잘 먹고 잘살면 행복해지는 것이 아니라 성취와 성장을 통해 행복을 느낀다고 생각합니다.

한 가지 유의해야 할 것이 있습니다. 크리스천 직장인은 '영향력 증대'라는 목표를 설정하여 추구하더라도 회사와 동료들, 나아가 세상을 두루 유익하게 하는 '선한 영향력'을 증대시켜야 합니다. 내 이익만을 목표로 해서 영향력 증대를 추구하는 것은 하나님이 기뻐하시지 않을 것입니다. 또한 목표를 향해 나아갈 때도 욕심을 내려놓고 동료들을 배려하며 천천히 가는 것이 좋습니다. 이렇게 가도 늦지 않습니다. 장기적으로 볼 때 다른 사람들의 신망을 얻어 더 멀리 갈 수 있습니다.

이미 마음속에 큰 꿈을 가지고 있는 직장인들은 열정을 가지고 지속적으로 그 꿈을 추구하면 좋겠습니다. 아직 특별한 꿈이 없는 사람은 먼저 '작은 꿈'을 만들고 열심히 노력해서 그 꿈을 이룬 다음 다시 더 큰 목표를 세우는 과정을 반복할 것을 권해 드립니다. 한 단계 한 단계 꿈을 달성해 가면서 짜릿한 성취감을 맛보시고 또 자신이 성장하고 있음에 대해 자부심을 느끼시기 바랍니다.

지금의 내 처지에서는 에베레스트를 정복하는 것을 상상조차 할 수 없을지라도, 먼저 동네 뒷산을 오르고 다음에는 옆 동네 높은 산을 오르고 그다음엔 국내 최고봉을 찾아서 오르다 보면 언젠가 에베레스트도 꿈의 영역으로 들어올 수 있습니다. 차근차근 단계를 밟아 나가면 됩니다. 처음부터 작은 꿈이라도 가지고 직장 생활을 하는 것과 꿈이 없이 직장 생활을 하는 것은 완전히 다릅니다. 꿈이 있는 사람과 없는 사람은 처음에는 비슷해 보이더라도 결승점에 도달할 때는 엄청난 차이를 가져옵니다.

목표를 세우더라도 그 목표는 하루아침에 이루어지지 않습니다. 목표를 이루기 위해서는 일반적으로 수십 년의 긴 시간이 필요합니다. 욕심을 낸다고 이 기간을 단축하거나 생략할 수는 없습니다. 목표를 세운 이후에는 오랜 세월 인내하면서 땀을 흘리는 과정이 필요합니다. 크고 작은 모든 성취는 단조로운 일상을 견디면서 끊임없이 반복되는 훈련을 통하여 만들어지는 법입니다.

우리는 발레리나 강수진 씨의 가장 못생겼지만 가장 아름다운 발을 생생히 기억합니다. 강수진 씨의 옹이 박힌 발에서 그녀가 흘렸을 땀의 분량을 족히 짐작할 수 있습니다. 세계 최고의 발레리나는 땀으로 만들어졌음이 분명해 보입니다. '세상에 공짜는 없다'라는 말이 있듯이 무언가를 이루기 위해서는 반드시 대가를 지불해야 합니다. 단조로운 일상을 끈기 있게 땀으로 채워 나가다 보면 어느 날 눈부시게 아름다운 '라헬'이 내 곁으로 다가와서 "안녕! 기다리고 있었어!"라고 웃으면서 얘기할 것입니다.

야곱은 '사랑하는 라헬과의 결혼'이라는 부푼 꿈이 있었고, 그 꿈을 이루기 위해 7년 동안 아주 행복하게 일했습니다. 마찬가지로 가슴 설레는 꿈이 있는 크리스천들에게는 직장 생활 하루하루가 어쩌면 사랑하는 사람과 연애하는 시간처럼 느껴질 수도 있을 것입니다. 크리스천들이 분명한 꿈을 가지고 열심히 직장 생활을 함으로써 탁월한 성취를 만들어 내고, 그로 말미암아 주위 사람들로부터 "교회 다니는 사람들은 확실히 달라요"라는 말을 듣는다면 이것이 바로 '하나님께 영광 돌리는 삶'을 사는 것이라고 생각합니다.

모든 크리스천들이 직장 생활을 마무리하고 은퇴하는 시점에 "나는 하나님께서 허락하신 일터에서 라헬이라는 나의 꿈과 연애하는 까닭에 평생을 수일같이 여기며 직장 생활을 할 수 있었습니다"라고 얘기할 수 있었으면 좋겠습니다.

머무는 곳에서
주인이 되라

'수처작주 입처개진'(隨處作主 立處皆眞)이라는 말이 있습니다. 어느 곳에 있든지 머무는 그곳에서 주인이 되면 거기가 바로 진리의 자리가 된다는 뜻입니다. 저는 직장 생활을 하면서 이 말이 정말 맞다는 것을 여러 번 느꼈습니다.

국내 기업들을 보면, 본사는 서울에 있고 생산 공장은 지방에 있는 경우가 많습니다. 본사에서 전략, 판매, 재무 업무 등을 하려고 해도 생산 현장을 잘 모르면 일하기가 어렵습니다. 그래서 대다수 회사들은 신입 사원을 채용하면 먼저 지방에 있는 현장 부서에서 몇 년간 근무하도록 하여 생산 현장을 파악하게 한 후 서울 본사로 불러옵니다.

그런데 상당수 신입 사원들이 4~5년간의 지방 근무를 견디지 못하고 중간에 이직합니다. 지방에서 근무하는 것을 무척 힘들어합니다. 친구들은 서울에 있는데 자신은 지방에 있다는 사실에 자존심이 무너집니다. 자신이 친구들보다 부족한 것 같습니다. 최신 트렌드에 뒤처지는 것 같습니다. 몸은 지방에 있어도 마음은 언제나 서울에 있습니다. 그래서 회사 업무에 몰입하지 못합니다.

결국 1~2년이 지난 후 꽤 많은 신입 사원들이 수도권에 있는 회사로 이직을 결심합니다. 옮겨 가는 회사가 강남에서 멀지 않다는 것 외에는 지금 다니고 있는 회사보다 좋을 것이 하나 없습니다. 그렇지만 수도권이라는 마력에 이끌려 과감하게 이직을 결행합니다. 그런데 막상 이직을 하고 보니 이전 회사에 비해 부족한 것이 많습니다. 기대가 무너지고 불평이 생기기 시작합니다. 회사에 만족하지 못하고 또다시 이직을 고민합니다. 이렇게 되면 어느 회사로 옮겨도 만족하지 못하고 이직을 되풀이하는 악순환의 고리에 빠져들게 됩니다.

그렇지만 반대의 경우도 많이 있습니다. 비록 서울과 떨어져 있는 지방에서 근무하지만 별로 힘들어하지 않습니다. 꼭 거쳐야 할 과정이라 여기며 조급하게 생각하지 않습니다. 천천히 기초를 다질 수 있는 좋은 기회로 받아들입니다. 현장을 배울 수 있는 절호의 기회라고 생각합니다. 신입 사원 시절에 현장을 제대로 익혀 두면 앞으로 두고두고 도움이 된다는 것을 잘 이해하고 있습니다. 아울러 현장 부서 직원들도 열심히 사귑니다. 나중에 모두 자기에게 도움을 줄 사람이라고 생각하면 아무에게도 소홀할 수 없습니다. 지방에 떨어져 있으니 방해하는 것이 없어서 오히려 일에 집중할 수 있습니다. 잠시 머물다 가는 뜨내기로 근무하는 것이 아니라 주인의 자세로 근무합니다.

일에 집중하다 보면 시간이 금방 흘러갑니다. 탄탄한 실력을 쌓은 뒤 서울 본사로 발령받아 올라갑니다. 현장에 대한 생생한 감이 있기 때문에 오래전에 현장을 다녀온 선배들보다 더 효과적으로 일할 수 있습니다. 이제는 평생 일할 부서에 왔다고 생각하고 일에 집중합니다.

이런 사람은 지방에 있든 서울에 있든 어느 자리에서나 주인의 자세로 일을 합니다. 이런 사람에게는 그 자리가 바로 진리의 자리가 됩니다. 내가 근무하는 위치에 지나치게 신경 쓰면 직장에서 성장하기 어렵습니다. 내가 신경 써야 할 것은 주인의식을 가지고 일하는지 여부입니다. 어디에 있든 주인의식을 가지고 일하는 직원이 크게 성장합니다.

구약 성경 룻기를 보면 자신의 자리에 집중하는 사람과 그렇지 못한 사람이 나옵니다. 바로 나오미의 두 자부 오르바와 룻입니다. 둘은 서로 대조되는 삶의 자세를 가지고 있습니다. 기근을 피하여 유다에서 모압으로 온 나오미는 불행하게도 남편과 아들 둘을 잃습니다. 그녀에게는 모압인 며느리 오르바와 룻만 남았습니다. 모압에서 아무런 소망이 없는 나오미는 고향인 유다 베들레헴으로 돌아갈 결심을 하고 두 자부에게 친정으로 돌아가라고 합니다. 이때 오르바는 친정으로 돌아가지만 룻은 시어머니 나오미를 떠나지 않고 함께 유다 땅으로 옵니다.

오르바는 시아버지와 남편이 죽자 마음에 갈등이 생겼던 것 같습니다. 시어머니와 살면서 마음을 정하지 못하고 뜨내기처럼 살았습니다. 몸은 시어머니와 함께 있지만 마음은 다른 곳에 있었습니다. 하지만 룻은 달랐습니다. 시어머니 나오미 집으로 시집을 오면서부터 거기가 자신의 자리라고 생각했습니다. 시아버지가 죽고 자기 남편이 죽어도 마음은 한결같았습니다. 다른 기회를 엿보거나 엉뚱한 생각을 하지 않았습니다. 나오미와 함께 유다 땅으로 왔을 때도 룻은 그곳을 자신의 자리라고 생각했습니다. 전심을 다해 시어머니를 섬기며 열심히 일했습니다. 결국 룻에게는 그곳이 진리의 자리가 되었습니다. 룻은 보아스와 같은 유력한 자와 결혼을 하고 위대한 이스라엘 왕인 다윗의 조상이 되는 영광을 누렸습니다.

내가 있는 이쪽보다 저쪽의 잔디가 더 푸르게 보이고 내 손에 있는 떡보다 옆 사람 손에 있는 떡이 더 크게 보이는 법입니다. 직장 생활을 하고 있다면 이것저것 너무 재지 말고 주어진 곳에서 주인이 되어 일에 집중하는 것이 좋습니다. 비록 지금 있는 곳이 힘든 자리라 해도 그곳에서 주인이 되면 그곳이 진리의 자리가 됩니다. 그곳이 나를 위로 날아오르게 하는 베이스가 됩니다.

삼성전자 권오현 회장은 후배를 상사로 모시고 8년 동안이나 근무했습니다. 후배가 자신을 제치고 상사로 임명되는 상황은 심리적으로 상당한 압박감을 주었고 자존심에 큰 상처를 남겼습니다. 하지만 8년간의 인고의 세월이 있었기 때문에 더 분발할 수 있었고 사업적인 측면에서 더 좋은 결과를 얻을 수 있었던 같다고 말했습니다(권오

현, 《초격차》, 쌤앤파커스, 2018).

  권오현 회장은 후배 상사를 모시고 일하는 인고의 자리에서도 그 자리를 부정하지 않았습니다. 오히려 그곳에서 최선을 다했고 그렇게 하니 그 자리가 진리의 자리가 된 것이 아닌가 합니다.

  지금 내가 지방의 생산 현장이나 스트레스를 많이 받는 자리에서 근무하고 있더라도 마음을 정하지 못한 뜨내기처럼 행동하지 말고 그곳에서 최선을 다해 일해야 합니다. 하나님의 뜻 안에서 그 모든 것이 합력하여 결국에는 선(善)을 이룰 것입니다.

> 우리가 알거니와 하나님을 사랑하는 자 곧 그의 뜻대로 부르심을 입은 자들에게는 모든 것이 합력하여 선을 이루느니라(롬 8:28).

밤마다 추위에 떠는 야명조가 되지 말라

　뉴턴의 운동 제1법칙으로 관성의 법칙이 있습니다. 정지해 있는 물체는 계속 정지해 있고 움직이는 물체는 계속 같은 속도로 움직인다는 법칙입니다. 우리가 살고 있는 지구도 관성의 법칙에 따라 우주 공간을 움직이고 있습니다. 관성의 법칙을 과학의 범주에 국한시키지 말고 좀 더 일반화시켜 표현하면 '우주에 존재하는 모든 물질들은 변화를 싫어한다'라고 말할 수 있을 것 같습니다.

　변화를 싫어하는 관성의 법칙은 물질 세계에만 적용되는 것이 아니라 생물체에도 적용되는 것 같습니다. 대표적인 예로 히말라야 깊은 산속에 산다는 야명조(夜鳴鳥)를 들 수 있겠습니다. 야명조는 말 그대로 밤에 우는 새입니다. 이 새는 밤새도록 "내일은 꼭 집을 지을 거야! 내일은 꼭 집을 지을 거야!" 하면서 운다고 합니다.

히말라야의 깊은 산속은 낮과 밤이 완전히 다르다고 합니다. 햇볕이 잘 드는 낮에는 온갖 짐승과 새들이 나무와 꽃들 사이에서 즐겁게 뛰놀고 날아다닙니다. 하지만 밤이 되면 눈 쌓인 계곡에서 찬바람이 불어와 산속은 그야말로 엄동설한이 됩니다.

야명조는 집을 짓지 않고 사는 새입니다. 집 없는 야명조는 밤새도록 추위에 벌벌 떨면서 "내일은 집을 지을 거야!" 하면서 울부짖는다고 합니다. 하지만 밤이 지나가고 아침이 오면 산속은 다시 따뜻해집니다. 야명조는 따뜻한 햇볕 아래서 간밤의 힘들었던 기억을 잊어버립니다. 온기로 가득 찬 숲 속에서 그저 즐겁게 날아다니며 놀기만 합니다. 그러다가 또 밤을 맞이합니다. 야명조는 추위에 떨면서 어젯밤과 똑같이 "내일은 꼭 집을 지을 거야!" 하며 소리 내어 웁니다.

야명조는 매일 밤마다 힘든 시간을 보내지만 '변화'하려고 하지 않습니다. 지금까지 생활해 오던 것을 무한 반복하면서 살아갑니다. 생활 방식을 조금만 바꾸면 밤에 춥지 않게 지낼 수 있겠지만 야명조는 '변화'보다 '지금 이대로'를 선호합니다.

야명조 얘기가 남의 일 같지 않다는 느낌입니다. 야명조가 우리들의 모습을 그대로 보여 주는 것 같습니다. 우리도 야명조처럼 변화를 싫어하고 지금 이대로 지내는 것을 좋아합니다. 하지만 변화 없이 지금 이대로 마냥 지낼 수만은 없습니다.

우리는 우리 의사와는 상관없이 치열한 경쟁 사회에 살고 있습니다. 기업도 경쟁하고, 개인도 경쟁하는 세상에 살고 있습니다. 피하고 싶지만 피할 수 없는 현실입니다. 이러한 경쟁 사회에서 회사가 발전하고 직원이 성장하려면 변화를 적극적으로 받아들여야 합니다. 변화를 멀리하고 혁신을 외면하면 개인이나 기업은 쇠퇴할 수밖에 없습니다.

현대 사회에서 변화와 혁신은 선택이 아니라 필수입니다. 직장 생활에서 변화와 혁신은 이제 일상이 되었습니다. 저 역시 1980년대 중반에 직장 생활을 시작한 이래 지금까지 끊임없이 변화와 혁신의 소용돌이 속에서 살아왔습니다. 입사 초기에는 일하는 방식을 바꾸기 위해 PC와 워드프로세서라는 변화의 물결이 세상을 뒤덮었습니다.

조금 지나니 6시그마 혁신이 불길처럼 모든 기업을 뜨겁게 달구었습니다. 그 이후 AI 혁신이 일어나 제조 현장과 연구 분야를 완전히 새롭게 바꾸었습니다. 이 글을 쓰는 2020년대 중반은 생성형 AI가 전 세계를 집어삼키고 있습니다. 직장 생활이란 '끝없는 변화와 혁신을 통하여' 제품의 성능과 생산 효율을 높이는 행위라고 정의해도 될 것 같습니다.

이처럼 변화와 혁신은 기업이나 직원 개인에게 필수이지만 대다수 사람들은 히말라야 야명조처럼 변화를 싫어합니다. 하지만 싫다고 거부할 수 없는 것이 우리가 처한 현실입니다. 어쩔 수 없이 사람들은 교육과 훈련이라는 고통스러운 과정을 거쳐 변화를 수용합니다. 한마디로 말해 '죽지 못해' 변화를 받아들입니다. 그렇지만 이렇게도 못 하고 끝끝내 변화를 수용하지 못하는 사람들도 소수 있습니다. 안타깝게도 이런 분들은 직장 생활이 대단히 힘들어집니다.

사회 시스템이 이들을 그냥 두지 않습니다. 저는 변화를 끝내 수용하지 못하고 불행해진 사람을 가까이서 본 적이 있습니다.

제가 회사에 입사한 1980년대 중반에는 각종 보고서를 직접 손으로 써서 작성하였습니다. 그러다가 얼마 지나지 않아 직원들에게 브라운관 PC가 공급되고, 보석글, 아래아한글 같은 워드프로세서 교육이 이루어졌습니다. 지금 생각하면 아무것도 아니지만 워드프로세서를 처음 배울 때는 쉽지 않았습니다. PC도 처음이고 워드프로세서도 처음이었습니다. 이제껏 경험해 보지 못한 신문물을 수용하기가 쉽지 않았습니다. 모두들 고생고생하면서 어렵게 배웠습니다.

당시 제가 근무하는 부서에 고등학교 선배 한 분이 있었습니다. 저보다 6~7년 위였는데 손 글씨를 보기 좋게 잘 쓰셨습니다. 처음 워드프로세서를 배울 당시에는 글자체도 그다지 보기 좋지 않았고 속도도 빠르지 않았습니다. PC 자판에 익숙하지 않아 모두들 '독수리 타법'으로 한 글자씩 치다 보니 오히려 손으로 쓰는 것이 더 빨랐습니다.

새로운 변화에 힘들어했던 선배는 이런 것들을 핑곗거리로 삼았습니다. "워드프로세서보다 손 글씨가 속도도 빠르고 보기에도 나쁘지 않으니 나는 계속 손 글씨로 문서를 작성하겠다"라고 얘기하며 워드프로세서 교육을 받지 않았습니다. 다른 직원들이 워드프로세서를 익숙하게 쓸 때까지 선배는 배우지 않았습니다. 나중에는 손 글씨로 쓴 보고서를 어디에도 내놓을 수가 없어서 아무 일도 못 하고 혼자 힘들게 지냈습니다. 안타까운 일이지만 선배는 결국 조기 퇴직하고 말았습니다.

제가 예로 든 선배는 극단적인 경우라고 할 수 있겠습니다. 그렇지만 정도의 차이는 있겠으나 대다수 사람들이 이분처럼 변화를 힘들어합니다. 겨우겨우 연명할 정도로만 변화를 수용합니다. 왜 수많은 사람들이 변화를 이렇게 힘들어할까요? 다들 경험해 보았겠지만, 지금까지 없던 새로운 것을 받아들이려면 엄청난 에너지를 쏟아부어야 합니다. 새로운 것은 쉽게 내 것이 되지 않습니다. 머리가 지끈지끈하도록 교육을 받고 또 개인적으로 많은 훈련을 해야 합니다. 이 과정에서 엄청난 스트레스가 생깁니다. 사람들이 변화를 힘들어하는 이유가 바로 스트레스 때문이라고 생각합니다.

좋든 싫든 변화는 필수입니다. 외면할 수 없습니다. 변화를 받아들여야 합니다. 그러니 어떻게 하든지 변화 과정에서 생기는 스트레스를 줄여야 합니다. 그래야 힘을 적게 들이고 변화를 수용할 수 있습니다. 어떻게 해야 이 스트레스를 줄일 수 있을까요? 여기에 대한 답은 의외로 간단하다고 생각합니다.

먼저 이 질문에 대한 답을 보여 주는 사례를 한 가지 소개하겠습니다. 앞에서 말씀드린 선배와 정반대라고 할 수 있는 분을 알고 있습니다. 이분은 현재 70대 초반으로 서울 소재의 명문 대학 총장을 지낸 분입니다. 몇 년 전 생성형 AI가 처음 나왔을 때 이분이 그와 관련된 서적을 가지고 다니면서 시간 날 때마다 틈틈이 읽고 계시는 것을 본 적이 있었습니다. 이분이 지금은 생성형 AI에 대해 비전공자를 대상으로 가끔씩 특강을 하실 정도로 전문가가 되셨다고 합니다. 이분은 나이도 적지 않고, 전공 분야도 생성형 AI와 거리가 먼

인문사회 분야인데 남들보다 빨리 익혀서 잘 활용하고 있습니다.

새로운 변화를 받아들이는 과정에서 스트레스를 줄이는 가장 좋은 방법은 앞에서 소개한 총장처럼 남보다 조금 '일찍' 시작하는 것입니다. 그렇게 해서 다른 사람들보다 한 걸음만 앞서 나가면 스트레스는 거의 없어집니다. 조급하게 하라는 것이 아니라 남보다 '먼저' 한 걸음 내디디라는 말입니다. 그렇게 하면 다음부터는 천천히 여유 있게 갈 수 있습니다. 다 같이 모르는 상태에서 내가 남들보다 아주 조금만 더 알고 있으면, 새로운 것을 받아들이는 것이 더 이상 스트레스가 되지 않습니다. 오히려 약간 우쭐한 마음을 가지고 기분 좋게 새로운 것을 배우고 수용할 수 있습니다.

등산을 할 때도 앞쪽에서 걸어가면 힘이 적게 듭니다. 반면에 뒤에서 따라가면 힘이 많이 듭니다. 등산할 때는 중간중간 휴식을 취합니다. 당연히 선두부터 멈춰 쉽니다. 후미에서 따라오는 사람들은 한참 지나서 휴식 장소에 도착합니다. 그때쯤이면 선두는 휴식을 마치고 일어나 다시 걷기 시작합니다. 후미에서 따라오던 사람들은 쉬려고 앉자마자 다시 일어나야 합니다. 새로운 변화에 대해 공부하는 것도 등산과 꼭 닮아 있습니다. 변화의 앞쪽에 서면 힘이 적게 듭니다.

지금까지 사람들이 변화를 힘들어하는 원인과 그것을 극복할 수 있는 방안에 대해 제 의견을 말씀드렸습니다. 이제부터는 변화에 대한 성경의 가르침을 한번 살펴보고자 합니다. 제가 보기에 성경에 등장하는 위대한 인물들은 하나같이 '변화'를 적극적으로 받아들였습니다. 우리가 잘 아는 아브라함, 요셉, 다니엘 등이 그러했습니다. 물론 이들이 변화를 받아들이는 것과 현대 직장인들이 변화를 받아들이는 것은 동기나 목적에 있어서 분명한 차이가 있습니다. 직장인들은 개인과 회사 발전을 위해 변화를 받아들이지만, 성경의 인물들은 하나님에 대한 믿음으로 인하여 변화를 받아들입니다. 그렇지만 이런 차이에도 불구하고 우리는 성경에서 변화에 대한 교훈을 얻을 수 있습니다.

아브라함의 사례를 한번 살펴보도록 하겠습니다. 아브라함은 75세의 나이에 살고 있던 고향 땅을 떠나라는 하나님의 명령을 받습니다. 아브라함은 고령의 나이에도 불구하고 조금도 망설임 없이 본토 친척 아버지 집을 떠나 새로운 곳으로 갑니다. 나이가 75세 정도 되면 타지에 나가 살던 사람들도 자기가 태어난 고향으로 돌아와 거기서 여생을 보내기를 원합니다. 하지만 아브라함은 늙은 나이임에도 불구하고 하나님의 명령을 받고 즉시 고향을 떠납니다. 하나님께서는 믿음으로 새로운 변화를 적극적으로 받아들인 그로 하여금 '믿음의 조상'이 되게 하셨습니다.

> 여호와께서 아브람에게 이르시되 너는 너의 고향과 친척과 아버지의 집을 떠나 내가 네게 보여 줄 땅으로 가라(창 12:1).

> 이에 아브람이 여호와의 말씀을 따라 갔고 롯도 그와 함께 갔으며 아브람이 하란을 떠날 때에 칠십오 세였더라(창 12:4).

아브라함은 하나님께서 변화를 요구하실 때 '즉각적인 순종'을 했습니다. 이런 즉각적인 순종을 하나님께서 기뻐하셨다고 생각합니다. 비록 동기와 목적은 다르지만 이처럼 성경에서도 변화에 대한 교훈을 얻을 수 있습니다. 변화에 대한 요구나 필요가 있을 때는 꾸물거리지 말고 즉각적으로 받아들여야 함을 성경도 잘 보여 주고 있습니다.

'피할 수 없으면 즐겨라'라는 말이 있습니다. 직장 생활은 변화와 혁신의 연속입니다. 새로운 변화의 물결이 다가오면 '즉각적인 수용'이 중요합니다. 열린 마음으로 빨리 시작할수록 스트레스를 최소화할 수 있습니다. 우물쭈물하다가 한 걸음 뒤처지면 스트레스가 쌓이기 시작합니다. 두세 걸음 뒤처지면 초조함, 열등감 등으로 스트레스가 왕창 증가합니다. 스트레스로 인해 야명조처럼 밤새 잠을 자지 못하며 괴로워할 수도 있습니다.

거듭 말씀드리지만 기업이나 사회에서 새로운 변화가 일어날 때, 스트레스를 적게 받으면서 그러한 변화를 수용하기 위해서는 가급적 남들보다 조금 일찍 움직이는 것이 좋습니다.

보랏빛 소가
되라

초등학생이 그린 금연 포스터가 화제가 된 적이 있습니다. 이 포스터는 다른 아이들이 그린 것과 많이 달랐습니다. 초등학생들이 그린 금연 포스터는 보지 않아도 짐작이 됩니다. 담배는 건강에 나쁘고 다른 사람들에게 피해를 주는 것이니 끊어야 한다는 메시지를 담고 있습니다. 그런데 화제가 된 포스터에는 '포스터 그리기도 귀찮다. 이젠 좀 금연해라'라는 표어가 적혀 있었습니다. 아울러 분필을 잡듯 담배를 잡고 그 담배를 분질러 가면서 포스터를 그리는 모습이 그려져 있습니다. 색연필을 사용해서 그렸는데 군데군데 색칠을 하지 않은 곳이 있어서 전체적인 분위기가 '귀찮다'는 느낌을 주는 그림이었습니다(뉴시스, 2024.7.14).

이 금연 포스터가 기사화되고 사람들의 관심을 받은 이유가 무엇일까요? 예상치 못한 톡톡 튀는 아이디어 때문이라고 생각합니다. 사람들은 진부한 것에 관심이 없고 색다른 것에 관심을 갖습니다. 이 사례는 여러 사람들이 모여 일하는 직장 생활에서 자신의 존재감을 드러내려면 어떻게 해야 할지에 대한 실마리를 줍니다. 이와 유사한 또 다른 예를 소개합니다.

마케팅의 구루 세스 고딘은 가족과 함께 프랑스를 여행할 때, 소 떼 수백 마리가 고속도로 옆의 그림 같은 초원에서 풀을 뜯고 있는 모습을 보았습니다. 대단히 매혹적인 광경이었습니다. 하지만 소 떼들의 모습이 끝없이 지속되자 나중에는 지루하게 느껴졌습니다. 그러던 중 그는 하나같이 똑같은 누런 소들 중에 보랏빛 소가 한 마리 보이면 얼마나 흥미진진할까 하는 생각을 하였습니다. 그는 이 생각에서 착안하여 '보랏빛 소'라는 마케팅 방법을 새롭게 창안하였습니다. 즉 시장에서 경쟁력을 가지려면 주목할 만한 가치가 있고, 예외적이고, 새롭고, 흥미진진한 '보랏빛 소' 같은 상품을 개발해야 한다는 것입니다(세스 고딘, 《보랏빛 소가 온다》, 쌤앤파커스, 2023).

세스 고딘은 보랏빛 소처럼 '존재감 있는 상품'을 얘기하였지만 보랏빛 소는 '존재감 있는 사람'에 대한 설명으로도 손색이 없는 것 같습니다. 직장 생활에서 성공하려면 존재감이 있어야 합니다. 성공에 대한 필요조건입니다. 조직에서 존재감이 없는 사람은 리더가 될 수 없습니다. 그런 자를 리더로 발탁해 줄 상사는 없습니다. 리더는 바쁜 사람입니다. 항상 시간에 쫓기는 리더가 투명인간처럼 보이는 사람을 애써 기억해서 배려해 준다는 것은 쉽지 않은 일입니다. 리더는 여러 부하 직원을 데리고 일을 합니다. 인사 평가에서 부하 직원 모두에게 S등급을 줄 수도 없고, 부하 직원 모두를 승진시킬 수도 없습니다. 여러 사람 중에서 돋보이는 사람을 승진시키고 리더로 발탁하게 됩니다. 다시 말해, 조직 내에서 존재감이 있는 사람에게 평가 등급을 높게 주고 리더가 될 수 있는 기회를 줍니다.

보랏빛 소같이 눈에 띄는 존재감이 있다는 것은 동류들과 차이가 있다는 것을 의미합니다. 그런데 차이가 있다는 것 자체도 중요하지만, 어떤 면에서 차이가 있느냐 하는 것 또한 대단히 중요합니다. 보랏빛 소가 누런 소와 단지 가죽 색깔만 다르다면 그 차이에 큰 의미가 없다고 생각합니다. 이런 외형적인 차이에 더하여 보랏빛 소는 육질이 최고급이라든지, 우유에 영양소가 풍부하다든지 등 '가치의 차이'가 있어야 합니다.

직장에서 존재감을 높이기 위해 튀는 행동을 한다면 분명 다른 사람들의 눈에 잘 띌 것입니다. 그러나 그러한 존재감은 별로 의미 없는 존재감입니다. 오히려 자신을 해치는 존재감이 될 수도 있습니다. 다른 사람들에 비해 업무 성과가 탁월하거나, 조직 전체가 안고 있는 문제들에 대해 대안을 제시할 수 있는 능력처럼 '가치의 차이'에서 오는 존재감이 중요합니다.

성경에는 존재감이 큰 인물들에 대한 기록이 많이 있습니다. 그 중에서 다니엘의 존재감에 대해 한번 살펴보고자 합니다.

다니엘은 마음이 민첩하여 총리들과 고관들 위에 뛰어나므로 왕

이 그를 세워 전국을 다스리게 하고자 한지라(단 6:3).

다니엘은 마음이 민첩하여 다른 사람들 위에 뛰어났다고 하였습니다. 다른 사람들보다 민첩하게 생각하고 행동하니 존재감이 커질 수밖에 없었을 것입니다. 다니엘의 존재감은 다른 사람들보다 마음이 민첩하고 유능한, 다시 말해 '가치의 차이'에서 오는 존재감이었습니다. 존재감이 큰 다니엘은 자연스럽게 왕의 주목을 받아 전국을 다스리는 총리 자리에 오르게 됩니다. 물론 다니엘이 총리가 될 수 있었던 데는 존재감 외에도 여러 다른 요인들이 많이 있었다고 생각합니다. 그렇지만 남다른 존재감이 없었다면 총리가 되기는 어려웠을 것입니다.

저는 연구원으로 입사하여 2000년대 중반에 연구그룹장이 되었습니다. 연구그룹장이 되면 매주 연구소장이 주재하는 회의에 참석하게 됩니다. 회의에 참석하는 연구그룹장들은 대부분 저보다 나이가 많았고, 모두가 일을 잘하기로 소문난 사람들이었습니다. 저는 주간회의에 참석할 때마다 많이 위축되었습니다. 우선은 나이가 적은 것이 문제였습니다. 고참 선배들 앞에서 적극 나서기가 쉽지 않았습니다. 저희 연구그룹이 담당하는 제품이 회사 내에서 가장 매출이 적은 제품이어서 더욱 그러하였습니다. 회사 경영에 큰 영향을 주지 못하는 제품이라 윗사람이 별로 관심을 가져 주지 않았습니다. 다른 그룹장들은 회의 시에 존재감을 드러내며 지난 일주일간의 성과를 보고하고 연구소 전체 운영에 대한 의견을 내기도 하는데,

저는 소심하게 조용히 앉아 있다가 나오는 경우가 많았습니다. 한마디로 존재감이 거의 없는 그림자 연구그룹장이었습니다.

이래서는 안 되겠다는 생각이 들었습니다. 어떻게 해서든지 존재감을 키워야 했습니다. 존재감을 키우기 위해서 일단 소극적이고 내성적인 성격부터 바꾸지 않으면 안 될 것 같았습니다. 어떻게 할까 고민하다가 연구소에서 외향적인 성격으로 소문난 비슷한 연령의 그룹장과 가까이 지내기로 마음먹었습니다. 그 친구의 적극적인 성격을 닮기 위해서였습니다. 그 친구는 거의 모든 사람들과 친밀하게 지내는 사이라 제가 사무실로 찾아가거나 같이 커피 한 잔 하자고 제안하면 거절하지 않고 반갑게 대해 주었습니다. 가끔씩 퇴근 후 식사도 같이 하면서 가깝게 지냈습니다. 그 친구는 말을 아주 잘하였는데 그의 말하는 기술도 배우려고 애를 많이 썼습니다.

여기에 더하여 주간회의에 들어가기 전에 발언해야 할 내용들을 철저히 준비했습니다. 적당한 분량이 아니라 과하다 싶을 정도로 많은 내용을 준비했습니다. 다섯 가지를 준비해 갔다가 두 가지만 얘기해도, 한 가지를 준비해 가서 그것만 얘기하고 나오는 것보다 배나 발언을 많이 하는 셈이므로, 가급적 많은 내용을 준비했습니다. 이 내용들을 가지고 사무실에서 혼자 중얼중얼하면서 발표 연습도 했습니다.

평소에 말이 없던 사람이 회의 석상에서 이것저것 얘기를 하려니 처음에는 많이 어색했습니다. 아마 듣는 사람들도 어색했을 것입니다. 그러나 사람들은 태생적으로 다른 사람에게 별 관심이 없습니다. 처음에는 저 친구가 왜 저럴까 생각했을지도 모르겠지만 2~3개월 지나니 모두들 당연한 듯 여기는 것 같았습니다.

이런 노력으로 제가 연구그룹장을 마무리할 즈음에는 존재감이 꽤 커진 것 같았습니다. 개인적으로 열심히 노력한 결과, 제가 담당하는 연구그룹 업무뿐 아니라 연구소 발전에 도움이 될 만한 좋은 아이디어들도 종종 제안할 수 있었습니다. 이를 통해 가치의 차이에서 오는 존재감을 키워 나갈 수 있었습니다.

저는 연구그룹장을 그만두면서 연구소 기획그룹장으로 보임되었습니다. 기획그룹장은 연구소장을 보좌하면서 연구소의 모든 실무를 담당하는 살림꾼입니다. 외향적이고 적극적인 사람에게 적합한 보직입니다. 존재감을 높이려고 수년 동안 남몰래 노력한 결과 이같이 분에 넘치는 보상을 받게 되었습니다.

포스코를 떠나 포스텍 법인에서 일할 때였습니다. 한번은 비서가 "부이사장님은 참 외향적이신 것 같아요"라는 말을 하였습니다. 비서는 별 생각 없이 말했겠지만 저는 그 말을 잊을 수가 없습니다. 제 자신이 생각하는 저는 분명 내성적인 사람입니다. 부정할 수 없는 사실입니다. 하지만 그동안의 노력으로, 직장에서 저를 가장 잘 파악할 수 있는 위치에 있는 직원으로부터 외향적인 사람이라는 평가를 받았습니다. 저의 노력이 객관적으로 인정받은 것 같아 흐뭇했습니다. 하나님의 보이지 않는 손이 저를 도와주셔서 존재감 없이 주눅 들어 생활하던 저를 크게 바꾸어 주셨습니다.

우리 속담에 "모난 돌이 정 맞는다"라는 말이 있습니다. 유교 문화의 영향인지는 모르겠으나 주위 사람들과 다르게 행동하면 망치 질당할 수 있으니 표 나지 않게 행동하라는 보신에 관한 가르침이라고 생각합니다. 하지만 이제는 세상이 달라졌습니다. 지금은 오히려 다른 사람과 차별성이 있는 모난 돌이 되어야 합니다. 물론 겉모습에만 차이가 있어서는 곤란합니다. 다른 돌과 비교해서 '가치'가 뛰어난 모난 돌이 되어야 합니다. 이제는 속담을 바꿔야 할 때가 아닌가 생각합니다. "모난 돌이 꼭 맞는다" 정도로 바꾸면 좋을 것 같습니다.

주위 동료들을 한번 둘러보십시오. 그리고 거울 앞에 서서 자신을 찬찬히 살펴보십시오. 과연 나는 동료들 속에 섞여 있을 때 존재감이 있는 사람인지 스스로 질문해 봅시다. 누런 소 떼 속의 또 한 마리 누런 소인지 아니면 다른 소들과 차별화되는 보랏빛 소인지 자신을 성찰해 보기 바랍니다.

스스로 생각하기에 남과 차별화되지 않고 존재감이 없다고 판단된다면 지금 당장 존재감을 키우는 노력을 시작했으면 좋겠습니다. 모든 회의에서는 반드시 자신의 의견을 분명하게 제시하는 습관을 길러야 합니다. 리더가 지시하는 일만 하지 말고, 성과가 있을 만한 일을 스스로 기획해서 리더에게 먼저 다가가야 합니다. 이런 적극적인 행동들이 다른 사람들에게 "나 여기에 있어!" 하고 자신의 존재감을 드러내는 일이라 할 수 있습니다.

이런 일들은 대부분 본성을 거스르며, 어느 정도의 용기와 결단을 필요로 하는 것들입니다. 따라서 쉽지 않습니다. 그렇지만 대단히 가치 있는 일이라고 생각합니다. 힘이 들어도 꼭 시도해야 합니다.

그리고 한 가지 기억해야 할 것이 있습니다. 새로운 것을 시도하는 경우 늦은 때란 없습니다. 지금이 시작하기에 가장 적합한 때입니다. 3~4년 뒤 누런 소 떼 가운데 빛나는 보랏빛 소가 되어 있는 자신의 모습을 그려 보면서 지금 바로 존재감 키우기를 시작해 봅시다.

명왕성의
어린 왕자처럼 일하라

온기가 거의 느껴지지 않는 겨울 햇살이라도 볼록렌즈를 이용하여 빛을 모으면 쇠도 녹일 수 있는 뜨거운 불이 됩니다. 신발이 쩍쩍 달라붙는 얼음판 위도 스케이트를 신으면 미끄러지면서 쌩쌩 달릴 수 있습니다. 스케이트 칼날에 온몸의 무게가 집중되어서 꽁꽁 언 얼음을 녹이기 때문입니다. 분산된 힘은 약하지만 집중된 힘은 강합니다. "열두 가지 재주 가진 놈이 저녁거리가 간 데 없다"라는 말이 이를 잘 설명해 줍니다.

하지만 예외 없는 법칙이 없듯이, 힘을 여러 곳에 분산시키고도 모든 분야에 강한 집중력을 발휘하는 경우도 드물지만 존재합니다. 레오나르도 다 빈치가 대표적인 경우라 할 수 있겠습니다. 다 빈치에 대한 기록을 보면 화가, 조각가, 건축가, 해부학자, 철학자 등 그의 직업은 모두 22가지나 됩니다. 그는 이 모든 영역에서 골고루 뛰어난 업적을 남겼습니다. 정말 대단한 인물이라고 할 수 있겠습니다.

다행스럽게도(?) 이런 비범한 인물은 극소수이고 대다수 사람들은 우리같이 평범합니다. 평범한 사람이 다빈치처럼 여러 분야에 발을 담그면 한 가지도 제대로 하기가 어렵습니다. 정신 없이 바쁘게 생활하여도 아무런 성과를 만들지 못하고 남에게 폐만 끼칠 가능성이 큽니다. 평범한 사람들에게는 그들에게 적합한 삶의 방식과 전략이 있습니다. 바로 '선택과 집중'입니다. 비록 평범한 사람이라도 볼록렌즈와 같이 한 분야에 힘을 집중시키면 의미 있는 성과를 충분히 만들어 낼 수 있습니다.

선택과 집중을 통해 살아서는 '훌륭한 업적'을 남기고 죽어서는 '별나라 어린 왕자'가 된 과학자 한 사람을 소개합니다. 2015년 7월 14일 미국 항공우주국(NASA)에서 발사한 우주선 뉴 호라이즌스 호가 명왕성의 최근접 지점을 통과하였습니다. 이 우주선에는 명왕성을 발견한 클라이드 톰보의 유골이 실려 있었습니다. 약간의 상상력을 발휘해 본다면, 우주선이 명왕성에 가장 가까이 접근했을 때 톰보의 영혼이 우주선 밖으로 나와 명왕성으로 뛰어내렸을 것 같습니다. 그리고 생텍쥐페리의 어린 왕자처럼 명왕성에 앉아서 태양도 바라보고 지구도 바라보며 행복하게 지내고 있을 것 같습니다.

톰보는 친구들에 비해 특출나지 않았지만 어렸을 때부터 별 관찰하기를 좋아했습니다. 그는 삼촌의 망원경으로 밤하늘의 별을 관찰하면서 별의 세계에 푹 빠져들었습니다. 스스로 망원경을 만들어 목

성과 화성을 관찰하기도 했습니다. 이후 로웰 천문대에 들어가 전문적으로 별을 관찰하던 중 1930년에 그토록 염원했던 명왕성을 발견합니다. 톰보는 직접 찍은 명왕성 사진을 보면서 별 속으로 빨려 들어가는 느낌을 받았다고 합니다. 일생 동안 별만 관찰한 톰보는 명왕성뿐 아니라 혜성, 성단, 초은하단, 소행성 등을 최초로 발견하는 업적을 남겼습니다. 평범했던 클라이드 톰보가 천문학계에서 이러한 성취를 이룰 수 있었던 것은 평생 한 가지 일에만 집중했기 때문이라고 할 수 있겠습니다.

자신이 좋아하는 일이나 혹은 가치 있다고 생각하는 일을 한 가지 선택하여 오랜 시간 집중하면 누구나 훌륭한 성과를 만들 수 있습니다. 선택과 집중은 성과 창출이라는 면에서 대단히 효과적인 전략입니다. 선택과 집중에 대해 광의와 협의로 나누어 생각해 보고자 합니다. 여러 분야 중에서 내가 집중해야 할 '분야를 선택'하는 것을 광의의 개념이라 한다면, 선택한 분야 안에 있는 여러 활동들 중에서 집중해야 할 '활동을 선택'하는 것은 협의의 개념이라고 할 수 있겠습니다.

먼저 여러 분야 가운데 한 분야를 선택하여 집중하는 광의의 선택과 집중에 대한 제 경험을 나누고자 합니다. 어느 조직이나 마찬가지겠지만 제 직장 동료 중에도 능력이 뛰어난 사람들이 많았습니다. 대인 관계가 좋은 사람, 학벌이 좋은 사람, 언변이 좋은 사람, 리더십이 좋은 사람 등등 대단한 사람들이 많았습니다. 저는 이들을 보면서 '이들에게 뒤처지지 않으려면 생활을 최대한 단순화하고 회사 일

중심으로 시간을 쓰지 않으면 안 되겠다'라는 생각을 하였습니다. 그래서 저는 신앙, 가정, 직장 세 분야만 선택해서 집중하기로 하고, 그 외의 다른 분야에 대해서는 그저 흉내만 내는 정도로 하였습니다. 직장인들에게는 학연과 지연으로 얽힌 수많은 모임이 있습니다. 제게는 학연 모임만 해도 8개가 있었지만 욕을 먹기로 결심한 뒤 거의 참여하지 않고 그 시간에 직장 일에 집중하였습니다. 이렇게 하니 예상한 대로 직장 일에서 만족할 만한 성과를 낼 수 있었습니다.

다음으로는 현재 집중하고 있는 분야 안에서 중요한 활동에 집중하는 미시적 관점의 선택과 집중에 대해 말씀드리고자 합니다. 우리는 자기 계발과 관련된 교육을 받을 때 '긴급한 일의 횡포'를 조심하라는 얘기를 많이 듣습니다. 상당히 중요한 얘기라고 생각합니다. 긴급한 일은 늘 자기를 위해 먼저 시간을 사용하라고 횡포를 부리면서 중요한 일을 뒤로 미루게 합니다.

하루 종일 떠들썩하게 전화를 주고 받거나 아니면 이 사람 저 사람 일에 참견하며 바쁘게 지내는 직장 동료들도 있습니다. 이런 사람들은 뭔가 열심히 하는 것 같으나 한 주나 한 달을 마무리하는 시점에 뒤돌아보면 눈에 보이는 성과가 거의 없습니다. 이런 사람들은 항상 분주하게 생활하나 손으로 물을 움켜쥐듯 무의미한 행동만 반복하고 있다는 생각이 듭니다.

많은 사람들이 중요도와 관계없이 그저 긴급한 일이면 그 일에 필요 이상으로 시간을 많이 소모하는 것 같습니다. '긴급한 일'이란 것도 실제로는 긴급한 일이 아니라 '긴급해 보이는 일'인 경우가 대부분입니다. 많은 사람들이 과장된 긴급한 일에 속고 있다는 것입니다.

저는 늘 개략적이라도 계획을 짜놓고 거기에 따라 일을 하려고 애썼습니다. 연간 계획에 맞춰 주간 계획과 월간 계획을 수립하였습니다. 계획을 짜는 목적은 세부적인 것을 놓치지 않으려는 것이 아니라 중요한 것을 잊지 않고 기억하려는 데 있었습니다. 이렇게 해야 수시로 발생하는 긴급한 일에 시간과 에너지를 모두 쏟아붓는 우를 범하지 않을 수 있기 때문입니다.

우리는 '긴급한 일'보다는 '중요한 일'에 의도적으로 집중해야 합니다. A를 선택하나 B를 선택하나 회사에 미치는 영향력이 미미한 사안을 가지고 전화기를 잡고 씨름을 하거나 수많은 메일을 주고받으며 시간과 정열을 낭비하는 것은 어리석은 일입니다. '중요한 일'이란 회사와 개인에게 영향을 크게 미치는 일을 말합니다. 특히 당장은 급해 보이지 않으나 회사와 개인의 미래를 대비하는 일은 대단히 중요합니다. 이러한 일에 집중해야 합니다.

우리 모두는 유한한 인생을 살아가고 있는데 그중 직장 생활에 3분의 1 이상의 시간을 사용합니다. 이렇게 많은 시간을 투자하는 직장 생활에서 의미 있는 성취를 이루기 위해서는 중요한 일에 대한 '선택과 집중'이 꼭 필요합니다. 성경에서도 '선택과 집중'의 좋은 본보기를 찾을 수 있습니다.

> 형제들아 나는 아직 내가 잡은 줄로 여기지 아니하고 오직 한 일 즉 뒤에 있는 것은 잊어버리고 앞에 있는 것을 잡으려고 푯대를

향하여 그리스도 예수 안에서 하나님이 위에서 부르신 부름의
상을 위하여 달려가노라(빌 3:13-14).

사도 바울은 일생 동안 오직 '한 일'(one thing)에만 집중했습니다. 즉 과거는 모두 잊고 앞에 있는 하나님의 부름의 상을 받는 일에만 집중했습니다. 그 결과 사도 바울은 기독교 역사상 가장 위대한 인물 중의 하나가 되었습니다. 우리도 교회 봉사를 하건 직장 일을 하건 무엇을 하더라도 사도 바울처럼 중요한 일을 선택하여 거기에 집중하는 것이 지혜롭다고 할 수 있겠습니다.

'강한 자가 살아남는 것이 아니라 살아남은 자가 강한 자다'라는 말이 있습니다. 돌아보면 우리 주위에도 능력이 뛰어난 사람들이 많이 있습니다. 모두들 장래가 촉망되는 사람들입니다. 이들은 대부분 능력이 뛰어나므로 자연스럽게 여러 분야에 관심을 갖고 손을 댑니다. 애석하게도 그런 사람은 능력이 뛰어나더라도 끝까지 살아남지 못하고 중간에 도태되는 경우가 많습니다. 반대로 비록 평범하지만 끈기 있게 한 분야에 집중하는 사람은 끝까지 살아남아 자신이 강한 자임을 증명해 보입니다.

볼록렌즈가 약한 빛을 모아 쇠도 녹일 수 있는 강한 빛으로 만들듯이, 스케이트 날이 꽁꽁 언 얼음을 녹이듯이, 선택과 집중은 약한 자를 강하게 만들어 주고 평범한 사람을 비범하게 만들어 줍니다.

상대를 깊게
파악하라

　골동품 수집상이 있었습니다. 그는 늘 자신의 신분을 감추고 다녔습니다. 골동품을 싼값에 매입하기 위해서입니다. 그날도 지나가는 행인인 체하며 어느 시골집에 들어가 물 한 잔을 청한 그는 주인이 건넨 물을 마시면서 재빨리 주위를 훑어보았습니다. 마당 한구석에 놓여 있는 강아지 밥그릇이 예사롭지 않아 보였습니다. 강아지 밥그릇에 관심이 있다는 것을 주인이 눈치채지 못하도록 그는 엉뚱한 얘기를 합니다. "강아지가 무척 귀엽네요. 사 가고 싶은데 혹시 팔 생각은 없는지요?" 하고 말입니다. "돈만 많이 주면 팔지요"라는 주인의 말에 골동품 수집상은 강아지가 너무 마음에 든다면서 시세보다 서너 배 비싼 값으로 강아지를 샀습니다. 강아지를 안고 나오면서 짐짓 지나가는 말처럼 한마디를 던졌습니다. "강아지 밥그릇도 가지고 가면 안 되나요? 어차피 개 밥그릇은 있어야 할 것 같아서요." 그러자 주인이 정색을 하면서 말했습니다. "안 됩니다. 개 밥그릇이 없으면 앞으로 강아지를 더 팔 수가 없습니다."

우스갯소리로 꽤 많이 회자되었던 이야기입니다. 시골집 주인이 골동품 수집상보다 한 수 위였습니다. 시골집 주인이 거래에서 이길 수 있었던 이유가 무엇일까요? 이전의 경험이나 여러 가지 정보 채널을 통해 골동품 수집상들의 행태를 잘 파악하고 있었기 때문입니다. 상대를 이기기 위해서는 상대를 잘 알아야 합니다. 그러기 위해서는 상대에 대해 공부하고 연구해야 합니다.

러시아의 표트르 1세는 상대에 관해 열심히 공부한 대표적인 사람이라고 할 수 있습니다. 그는 재임 중 대대적 개혁을 통해 러시아를 유럽의 강국으로 성장시켰는데, 그가 개혁에 성공할 수 있었던 것은 서유럽에 대해 철저하게 공부했기 때문입니다. 그는 러시아가 서유럽에 비해 많이 낙후되어 있다는 것을 잘 알고 있었습니다. 러시아가 부강해지려면 서유럽의 선진 문물을 적극적으로 배우고 받아들이는 수밖에 없다고 판단하였습니다. 그래서 1697년에 대규모 사절단을 서유럽에 파견합니다.

놀랍게도 황제 자신도 신분을 숨기고 사절단의 일원으로 참가하였습니다. 해군 강국인 네덜란드의 동인도회사 조선소에 평민으로 위장한 채 들어가 선진화된 조선 기술을 자세히 살펴보았습니다. 기록에 의하면 그는 사절단 일행 중에서 누구보다 질문을 많이 했다고 합니다. 지금도 러시아 상트페테르부르크에는 직접 배를 만드는 표트르 1세의 동상이 있습니다. 그가 해군력 증강을 위해 조선 기술 발전에 얼마나 많은 힘을 쏟았는지를 잘 보여 주는 상징물이라고 할 수 있겠습니다.

한 나라의 황제가 나라를 비우는 것은 정적에게는 너무나 좋은 기회입니다. 표트르 1세가 사절단으로 서유럽에 머무르는 동안 근위대가 반란을 일으켰습니다. 그는 반란군 진압을 위해 어쩔 수 없이 조기 귀국해야 했습니다. 계획된 일정을 다 마치지 못한 것을 대단히 아쉬워하면서 귀국했다고 합니다.

평민으로 자신의 신분까지 숨기고 또 반란의 위험을 무릅쓰면서까지 표트르 1세는 온 힘을 다해 서유럽을 배우고자 하였습니다. 상대를 잘 알고자 하는 그의 노력이 결실을 맺어 러시아는 세계의 강국으로 도약할 수 있었습니다. 표트르 1세는 강력해진 국방력으로 스웨덴과의 북방 전쟁을 승리로 이끌어 '차르' 칭호를 받고 '표트르 대제'라고 불리게 됩니다.

우리가 몸담고 있는 비즈니스 세계에서도 상대를 알고 나를 아는 '지피지기'(知彼知己)는 매우 중요합니다. 우리가 어떤 업(業)에 종사하든지 국내외 경쟁 회사가 반드시 존재합니다. 과거에는 국내 경쟁 업체가 위협적이었다면 지금은 글로벌 경쟁 업체가 더 위협적이라고 할 수 있습니다. 경쟁에서 이기려면 경쟁 업체의 동향을 끊임없이 조사해서 우리 회사의 수준과 경쟁 회사의 수준이 어떠한지 분명하게 알아야 합니다. 그래야 목표를 뚜렷이 할 수 있고 가야 할 방향을 정할 수 있습니다.

제가 몸담았던 포스코는 두 개의 대형 제철소를 보유하고 있는데, 그중 광양제철소는 1982년에 착공되어 1999년에 종합 준공되었습니다. 준공된 지 꽤 오래되었지만 광양제철소는 지금도 원가 경쟁력에서 세계에서 가장 우수한 제철소입니다. 최적의 공장 배치(Layout)에 따른 효율적인 물류가 이를 가능케 하였습니다. 광양제철소는 전 세계 철강 회사들이 벤치마킹 하는 공장이 되었습니다.

광양제철소를 이렇게 효율적으로 건설할 수 있었던 핵심 요인으로 박태준 회장의 '지피지기' 노력을 꼽을 수 있습니다. 당시 박태준 회장은 전 세계의 수많은 제철소들을 끊임없이 돌아보면서 동종 업체의 공장과 설비를 파악했습니다. 워낙 많은 제철소를 돌아보며 장단점을 파악하고 있었기 때문에 제철소 설비에 대해서는 회사 내에서 누구보다도 안목이 높았다고 합니다.

저도 직원으로서 이런 일들을 훌륭하게 추진하신 박태준 회장님에 대해 존경하는 마음이 넘쳐나서, 제가 연구하고 있는 분야에 대해서는 그분처럼 해외 경쟁 업체의 현황을 자세히 파악해야겠다고 생각하였습니다. 그래서 경쟁 회사의 홈페이지를 주기적으로 방문하여 내가 연구하는 분야에 대한 상대 회사의 근황을 파악하려고 노력하였습니다. 관련 분야 해외 학회에는 가급적 모두 참가하려고 했고, 특히 해외 학회에서 제공하는 공장 투어 프로그램은 반드시 참가하였습니다. 아무래도 사람은 책으로 공부하거나 귀로 듣는 것보다 직접 눈으로 보는 것이 기억에 오래 남는 것 같습니다. 해외 동종 업체를 자주 방문한 것이 업무에 큰 도움이 되었습니다. 시간이 많이 흘렀지만 일본, 중국, 독일 제철소의 설비들 중 아직도 눈앞에 그려지는 것들이 꽤 있습니다.

경쟁 회사나 경쟁 국가의 비즈니스 현황을 파악할 수 있는 방법은 여러 가지가 있겠으나, 가장 생생한 목소리를 들을 수 있는 방법은 해외 동종 업계의 직원을 친구로 사귀는 것이 아닐까 합니다. 물론 친구가 되어도 넘지 말아야 할 선은 분명히 있습니다. 아무리 친밀한 관계가 되어도 양 사에서 기밀로 관리하는 정보들에 대해서는 얘기하지 말아야 합니다. 그렇게 해야 관계가 오래 지속될 수 있고 깊어질 수 있습니다. 비즈니스 동향 혹은 기술 동향과 같은 큰 흐름을 서로 공유하면 법적, 윤리적으로 문제없이 서로에게 많은 도움을 줄 수 있습니다.

저는 일본 스미토모 금속(지금은 일본제철에 합병)의 N 박사와의 사귐을 통해 일본을 포함한 선진 철강 업체의 흐름을 많이 파악할 수 있었습니다. 우리는 학회에서 자주 만나면서 저절로 친해지게 되었습니다. 철강 전공자답게 우리 두 사람은 온천수 성분에 철이 많이 함유된 일본의 철천(鐵泉)에 함께 들어가 우애를 쌓기도 했습니다. N 박사는 나와 같은 분야를 연구하는 분이었는데 10년 정도 연장자여서 주로 내가 배우는 입장이었습니다.

평소 연구하면서 궁금했던 것을 물어보면 자신의 경험담을 곁들여서 친절하게 잘 설명해 주었습니다. 그뿐만 아니라 N 박사는 일본과 구미 철강업계의 전반적인 동향에 대해서도 막힘없이 잘 얘기해 주어 큰 도움이 되었습니다. 이분과의 대화를 통해 앞으로 내가 어느 분야에 집중해야 할지, 현재 추진하고 있는 연구 프로젝트에서 성과를 내려면 어떻게 해야 할지 등에 대해 많은 도움을 받았습니다.

당시 제가 맡은 연구 분야는 선재(Wire Rod)였습니다. 선재 분야에서 고난도 기술이 요구되는 제품 중에 극세선 타이어코드라는 것이 있습니다. 제철소에서 지름 5.5밀리미터의 강철 선재를 생산하고 고객사에서는 이를 지름 0.15밀리미터의 극세선으로 가공하여 자동차 타이어 보강재로 사용합니다. 사람의 모발 굵기가 평균 0.1밀리미터이고 아주 굵은 경우는 0.18밀리미터 정도인데, 강철 선재를 열을 가하지 않고 상온에서 모발 굵기 정도로 가늘게 늘이는 것은 쉽지 않습니다. 지름 5.5밀리미터의 강철 선재 한 코일(Coil)을 지름 0.15밀리미터까지 줄이면, 길이가 14,000킬로미터 정도로 서울에서 뉴욕까지 거리보다 더 길어집니다.

강철 선재를 이렇게 길게 늘이는 과정에서 두 번 이상 끊어지면 상업적으로 사용하기가 곤란합니다. 강철 선재 속에 조그마한 불순물이 하나라도 포함되어 있으면 여지 없이 절단되기 때문에 극한의 청정 제품을 만들어야 합니다. 당시 전 세계에서 극소수 제철소만 생산했던 이 제품을 저희도 상당히 일찍 개발할 수 있었습니다. 동료들과 제가 다양한 방법으로 경쟁사를 열심히 공부한 것이 이 제품을 성공적으로 개발한 핵심 요인이었다고 할 수 있겠습니다.

성경에서도 지피지기의 중요성을 보여 주는 내용이 많이 나옵니다. 대표적인 사례가 가나안과의 전쟁을 앞두고 모세가 정탐꾼을 보내 적진을 미리 탐지하게 한 것입니다. 이스라엘 민족을 이끌고 애굽을 떠나 젖과 꿀이 흐르는 땅 가나안 근처에 다다른 모세는 이스라엘 각 지파에서 한 사람씩 총 12명의 정탐꾼을 선발하여 가나안 땅으로 몰래 보냅니다.

> 모세가 가나안 땅을 탐지하러 그들을 보내며 이르되 너희는 네겝 길로 행하여 산지로 올라가서 그 땅이 어떠한지 정탐하라 곧 그 땅 거민이 강한지 약한지 많은지 적은지와 그들이 거하는 땅이 좋은지 나쁜지와 사는 성읍이 진영인지 산성인지와(민 13:17-19).

이스라엘이 가나안 정복 전쟁에서 승리할 수 있었던 요인은 여러 가지가 있겠지만, 전쟁에 앞서 미리 12명의 정탐꾼을 보내 상대의 강점과 약점을 탐지한 것이 전쟁을 승리로 이끄는 데 크게 기여했을 것입니다. 이스라엘의 지도자 모세도 전쟁에서 승리하기 위해서는 상대를 파악하는 것이 중요하다는 것을 잘 알고 있었습니다.

세상은 끊임없이 변하고 있습니다. 기술 발전 속도가 점점 빨라지고 비즈니스 모델도 하루가 다르게 변화합니다. 그렇지만 세상이 변해도 삶의 기본 원리는 변하지 않습니다. 급변하는 세상에 살고 있더라도 경쟁에서 지지 않으려면 상대를 잘 알아야 하는 것은 필수 조건입니다. 골동품 수집상처럼 자만하여 '시골집 주인이 골동품에 대해 뭘 알겠어'라는 태도를 취하면, 원하지도 않는 강아지를 비싼 값을 치르고 사야 하는 불행한 일이 발생합니다. 남이 나보다 낫다는 낮은 자세를 견지하면서 부지런히 경쟁 상대를 파악하는 것이 중요합니다. 상대가 나를 파악하는 것보다 내가 상대를 더 깊이 파악하고 있을 때 경쟁에서 유리한 고지를 점할 수 있습니다.

냇물에
숯을 씻으라

'행복은 성적순이 아니다'라는 말이 있듯이 직장에서의 성공도 반드시 능력순은 아닌 것 같습니다. 유능한 사람이 예상과 다르게 고전하는가 하면 다소 부족해 보이는 사람이 크게 성공하는 경우도 있습니다. 이렇게 되는 데는 여러 가지 이유가 있겠지만 기회를 잡는 능력의 차이도 중요한 요인 중의 하나가 아닌가 합니다. 직장 생활에서 성공하기 위해서는 기회를 잘 활용해야 합니다. 다소 능력이 떨어지는 사람이라도 결정적인 순간에 좋은 기회를 잡으면 유능한 사람 못지않게 성공할 수 있습니다.

우선은 자기에게 우연히 다가오는 기회를 놓치지 않고 잘 잡는 것이 중요합니다. 그러나 스스로 굴러오는 기회를 잡는 것은 그다지 어려운 일이 아니기 때문에 이것만으로는 차별화되기가 쉽지 않습니다. 우리는 여기서 한 단계 더 나아가야 합니다. 다시 말해 저절로 다가오는 기회를 잡는 데 만족하지 말고, 내가 결정적인 기회를 의도적으로 만들 필요가 있다고 생각합니다. 어떻게 스스로 기회를 만들 수 있는지를 보여 주는 좋은 사례를 하나 소개하고자 합니다.

아주 먼 옛날에 천상의 옥황상제께서 삼천갑자 동방삭을 잡아오라고 인간 세상으로 사자를 내려보냈습니다. 삼천갑자 동방삭은 60년에 해당하는 갑자가 3천 번이나 돌아올 정도로 오래 살고 있었습니다. 계산을 해 보면 무려 18만 년입니다. 동박삭이 인간 세상에 너무 오래 살고 있었기 때문에 옥황상제가 잡아오라고 명을 내린 것입니다. 옥황상제의 명을 받고 인간 세상에 내려온 사자는 어떻게 동방삭을 찾을까 궁리하다가 시냇가에서 숯을 씻기 시작합니다. 이를 보고 지나가던 사람들이 묻습니다.

"숯을 왜 물에 씻습니까?"

"숯이 너무 검어서 희게 하는 중입니다."

이 말은 들은 사람들은 모두 정신 나간 자라며 비웃었습니다. 사람들은 자기가 본 어처구니 없는 일을 주변 사람들에게 얘기하였습니다. 소문은 삽시간에 온 세상으로 퍼져 나갔습니다. 어느 날 노인 한 사람이 소문을 듣고 이 어리석은 사람을 깨우쳐 주려고 찾아왔습니다.

"정말 숯을 희게 하려고 물에 씻는 것이오?"

"예, 그렇습니다."

이 말을 듣자마자 노인은 소리쳤습니다.

"이 어리석은 양반아, 내가 삼천갑자를 살아왔지만 숯을 희게 하려고 씻는 사람을 본 적이 없소. 아무리 씻어도 희게 되지 않으니 당장 그만 두시오."

사자는 회심의 미소를 지으며 바로 그를 잡아 옥황상제에게 데려갔다고 합니다.

이것이 탄천(炭川)의 유래에 대한 설화입니다. 이 설화는 기회가 찾아올 때까지 무작정 기다리지 않고 기회가 제발로 찾아오도록 만드는 기발한 방법을 보여 주고 있습니다. 시사하는 바가 큽니다. 어떤 회사에서 무슨 일을 하든 좋은 기회가 나에게 찾아올 수 있도록 만드는 것이 대단히 중요합니다. 이것은 나와 회사 발전에 큰 영향을 미칩니다.

저는 국내에서 박사 학위를 받고 기업체 연구소에서 연구원으로 근무했습니다. 연구원들은 연구 결과를 해외 학회에서 발표하기도 하고 글로벌 연구기관들과 공동 연구도 하기 때문에 어학 능력이 필요합니다. 저같이 국내에서 학위를 받은 연구원들은 아무래도 해외에서 공부한 연구원들에 비해 어학 실력이 부족하므로 영어 회화 능력을 향상시킬 기회를 늘 찾고 있었습니다.

많은 연구원들이 어학 능력을 높이기 위해 영어권에 있는 연구기관에 1~2년 정도 파견 가기를 원했습니다. 지금은 그렇지 않지만 1990년대 중반까지만 해도 해외 파견 기회를 얻는 것이 무척 어려웠습니다. 일단은 회사에 그러한 제도 자체가 없었습니다. 어쩌다가 최고위층 임원이 해외 출장에서 외국 기관의 호의로 연구원 파견 제안을 받아 오는 경우가 아주 드물게 있었습니다. 하지만 임원이 받아 온 이런 기회가 나에게 주어질 확률은 지극히 낮았습니다. 많은 연구원들이 해외 근무에 대한 열망을 가지고 있었으나 뜻을 이루기는 대단히 어려웠습니다. 한마디로 감나무 밑에서 우연히 감이 떨어지기를 기다릴 수밖에 없는 상황이었습니다.

저는 마냥 이렇게 기다리고 있으면 안 될 것 같았습니다. 어정쩡하게 있다가는 젊은 시절이 금방 흘러가 어학 공부의 시기를 놓칠 것 같았습니다. 쉽지 않겠지만 기회를 스스로 만들어 보기로 마음 먹었습니다. 이런 생각을 하면서 먼저 우리 부서의 선배와 동료 연구원들을 살펴보았습니다. 몇 사람이 어학 공부에 대한 열망을 가지고 있었지만 스스로 움직이려고 하지는 않았습니다. 저 외에도 기회를 만들기 위해 노력하는 사람이 있으면 제가 그에게 피해를 줄 수도 있기 때문에 조심해야 합니다. 하지만 우리 부서에는 그런 사람이 없었습니다.

마침 미국 학회에 연구 결과를 발표하러 갈 기회가 생겼습니다. 미국에 가는 길에 캐나다 맥길(McGill) 대학에 들러 제가 연구하는 분야의 전문가 교수님을 만나 보고 오겠다고 리더에게 말씀드렸습니다. 그동안 연구하면서 궁금했던 것에 대해 이 분야의 대가에게 직접 물어 보고 오겠다고 하니 리더도 선뜻 허락해 주었습니다.

학회를 마치고 맥길 대학에 들러 제가 연구하고 있는 프로젝트의 여러 이슈들에 대해서 교수님과 얘기를 나누었습니다. 얘기 말미에 기회가 되면 여기로 와서 교수님과 함께 공동 연구를 해 보고 싶다고 말했습니다. 교수님도 내가 그런 말을 하기를 기다렸다는 듯이 "대단히 좋은 제안이며 언제든지 환영한다"고 하면서 "리더에게 잘 말씀드려서 공동 연구 테마를 가지고 조만간 다시 방문하기를 바란다"고 하였습니다.

귀국 후 리더에게 학회 출장 보고를 드리면서 말미에 교수님과의 면담 내용을 말씀드렸습니다. 교수님도 우리와 공동 연구를 하기 원하니 1년 정도 거기로 파견 가서 연구를 해 보고 싶다고 조심스럽게 얘기하였습니다. 리더께서는 지금 연구소 재정 상황이 별로 좋지 않아 곤란하다고 말씀하셨습니다. 어느 정도 예상은 했지만 상당히 실망스러웠습니다. 몇 개월 동안 고민하고 준비한 것이 허사로 돌아갔습니다.

그런데 3~4개월이 지난 후 리더께서 제게 객원 연구원(Visiting Researcher)으로 나갈 준비를 하라고 했습니다. 갑자기 무슨 일인가 싶어 행정부서 직원에게 사정을 알아보았습니다. 어떤 계기가 있었는지 모르겠지만 최근에 연구소장님께서 회사 위상에 걸맞게 글로벌 교류를 좀 더 강화하는 것으로 연구소 운영 방침을 정하셨다고 했습니다. 연구소장님께서는 각 그룹의 리더들이 모인 회의 석상에서 자신의 뜻을 말씀하셨습니다. 그리고 나서 그룹 리더들에게 객원 연구원으로 파견할 만한 사람이 있는지 물었다고 합니다. 제 상사는 몇 개월 전에 제가 건의한 내용이 생각나서 "준비된 연구원이 있습니다"라고 그 자리에서 말씀드렸다고 했습니다.

그 이후 파견 업무는 일사천리로 진행되었습니다. 저는 다음 해에 가족과 함께 캐나다 몬트리올에 있는 맥길 대학에 가서 1년 동안 공동 연구를 하는 기회를 가질 수 있었습니다. 영어권에서 일했으므로 영어 듣기와 말하기 공부도 자연스럽게 할 수 있었습니다. 연구소 정책이 바뀌었을 때 제가 먼저 수혜를 입게 된 것입니다.

제가 스스로 사전 준비를 했더니 어느 날 기회가 찾아왔습니다. 제가 미리 준비를 하지 않았다면 연구소에 해외 파견 제도가 생겼어도 수많은 선배 연구원들로 인해 제게 그 기회가 주어지기는 쉽지 않았을 것입니다. 기회가 저절로 찾아올 때까지 기다리지 말고 때로는 적극적으로 기회를 만들어야 합니다.

이스라엘 역사상 가장 존경받는 다윗 왕은 기회를 잘 활용한 대표적인 사람이라고 할 수 있겠습니다. 그는 개인의 영달을 목적으로 기회를 잡는 세상 사람들과 다르게 하나님을 기쁘시게 해드리겠다는 믿음으로 기회를 잡았고, 그 기회를 대단히 잘 활용했습니다. 그는 양 치는 소년이었는데 아버지의 심부름으로 전쟁터에 나가 있는 형들의 안부를 살피러 이스라엘 군대 진영으로 갑니다. 그때도 여느 날과 마찬가지로 블레셋의 골리앗이 나타나서 이스라엘 군인들을 조롱하며 싸움을 걸어 옵니다. 골리앗을 두려워하여 이스라엘 군인들은 아무도 나서지 않는데 양치기 소년 다윗이 사울 왕 앞에 나아가 다음과 같이 말합니다.

> 다윗이 사울에게 말하되 그로 말미암아 사람이 낙담하지 말 것이라 주의 종이 가서 저 블레셋 사람과 싸우리이다 하니(삼상 17:32).

다윗은 하나님에 대한 믿음이 견고한 사람이었습니다. 그리고 평소 양을 치면서 사자와 곰과 싸워 이긴 용사였습니다. 그는 자신이 믿는 하나님의 도우심과 맹수를 물리친 경험을 기억하며 이 싸움에 승산이 있다고 판단한 것 같습니다. 그래서 모두들 외면하는 이 기회를 자기가 잡기로 결정하였습니다.

다윗은 이 싸움에서 승리하여 이스라엘 군대의 장관이 되고 나중에는 왕이 됩니다. 골리앗과의 싸움을 선택한 것은 위험 부담이 대단히 컸지만 그는 이 기회를 적극적으로 활용함으로써 이스라엘 역사에 가장 훌륭한 왕이 되는 첫걸음을 떼게 되었습니다.

직장 생활에서 우연히 좋은 기회가 왔을 때 놓치지 않고 잡는 것은 중요합니다. 그러나 우연히 온 기회를 잡는 것보다 스스로 기회를 만드는 것은 더욱 중요합니다. 누구나 직장 생활을 뒤돌아보면 아쉬운 순간들이 있습니다. 잘못된 선택이나 결정에 대한 후회보다는 "그때 그렇게 했어야 했는데"라는 후회를 많이 하며 적절한 시기에 필요한 일을 하지 못하고 그냥 흘려 보낸 것에 대한 안타까움이 많습니다. 신앙 생활에서도 미리 준비하는 것이 중요하듯이 직장 생활에서도 미리 준비하는 것이 중요합니다. 미리 준비해서 기회가 나를 찾아오도록 만드는 것이 중요합니다. 직장 생활의 성패가 여기에서 결정될 수도 있습니다.

시소 마인드를 가져라

    어린이들이 좋아하는 놀이 기구인 시소는 우리말 같지만 실은 영어에서 온 말입니다. 시소의 스펠링은 'seesaw'입니다. 이 시소(seesaw)라는 이름에는 긍정의 철학이 담겨 있는 것 같습니다.
    잘 아는 바와 같이 시소는 긴 널빤지 한가운데를 괴고 양쪽 끝에 사람이 앉아 오르락내리락하는 놀이기구입니다. 널뛰기와 비슷하게 위로 올라가면 주변을 잘 볼 수 있습니다. 하지만 아래로 내려가면 주변이 안 보입니다. 따라서 올라갈 때의 '본다'(see)와 내려갈 때의 '못 본다'(not see)를 합쳐서 시낫시(seenotsee)로 이름 붙이는 것이 적합할 것 같습니다.
    하지만 이 놀이기구의 이름은 시소(seesaw)입니다. 어떻게 이런 이름이 붙었는지 상상력을 한번 발휘해 봅니다. 시소를 타고 올라갈 때는 주위 경관을 잘 살펴봅니다. 그리고 내려갈 때는 위에서 봤던 것을 다시 한번 기억합니다. 그래서 올라갈 때의 '본다'(see)와 내려갈 때의 '보았다'(saw)를 합쳐서 시소(seesaw)로 하지 않았나 하는 생각입니다.

어쩌면 이 놀이기구를 처음 만든 사람이 아이들에게 긍정적인 마인드를 심어 주기 위해서 의도적으로 이런 이름을 붙인 것이 아닐까요. 시낫시(seenotsee)에는 긍정과 부정이 모두 포함되어 있지만 시소(seesaw)에는 긍정만 있습니다.

긍정 마인드에는 발전적 변화를 일으키는 힘이 있습니다. '할 수 있을 거야'라는 긍정적인 생각으로 도전할 때 뭔가가 이루어집니다. 부정적인 생각이 강한 사람은 아예 시도하지 않습니다. 시도하지 않으면 아무것도 이룰 수 없습니다. 따라서 긍정적인 생각으로 시도하는 것이 중요합니다. 성경에서도 두드려야 문이 열린다고 했습니다(마 7:7). 최선을 다해 두드리면 문이 열릴 것이라는 긍정적인 마음으로 도전하면 문이 열릴 수 있습니다.

자청 작가가 쓴 《역행자》가 한동안 베스트셀러 자리를 유지했습니다. 이 책에는 저자가 자신이 쓴 책을 발간하려고 출판사와 접촉했는데 열 군데 남짓 출판사에서 모두 거절했다는 내용이 나옵니다. 그래도 그는 자신의 책을 신뢰하며 포기하지 않았습니다. 희망을 버리지 않고 책을 출판할 방법을 찾으려고 고민했습니다. 그 결과 출판사와 접촉하는 것을 잠시 중단하고 자신의 글을 블로그와 유튜브에 올려서 인지도를 높이는 것이 좋겠다는 생각을 했습니다. 최선을 다해 블로그와 유튜브 활동을 한 후에 출판사와 다시 접촉하여 책 발간에 성공했다고 합니다. 결국 긍정 마인드로 끝까지 도전한 결과 세상에 나오지 못하고 사라졌을 원고가 베스트셀러가 되었습니다. 이처럼 긍정 마인드와 이를 바탕으로 한 과감하고 끈질긴 도전이 나를 바꾸고 세상을 바꿉니다.

직장 생활도 마찬가지입니다. 긍정 마인드를 가지고 힘든 일이나 새로운 일에 도전해야 내가 성장하고 회사가 발전합니다. 새로운 도전을 하면 당연히 실패도 경험하게 됩니다. 그렇지만 실패는 다음 도전에서 성공 가능성을 높여 주는 소중한 밑거름이 됩니다. 도전하지 않으면 실패를 경험하지 않겠지만 성공도 경험하지 못합니다. 긍정 마인드로 새로운 일에 도전하는 것이 나와 회사를 변화시키는 원동력이 됩니다.

성경은 믿음에 기초한 긍정 마인드로 담대한 도전을 시도한 인물들에 대한 전기로 가득 차 있습니다. 여호수아와 갈렙도 그러한 사람입니다. 모세는 이스라엘 각 지파 중에서 한 사람씩 총 열두 명을 선발하여 조만간 전쟁을 치를 가나안 땅을 미리 탐지하게 합니다. 40일간 염탐을 마치고 돌아온 선발대의 대다수는 "그곳 사람들은 장대하여 그들과 비교하면 우리는 메뚜기 같았다"고 말합니다(민 13:32-33). 그리고 "우리는 그들을 도저히 이길 수 없으니 애굽으로 다시 돌아가자"고 주장합니다(민 14:4). 하지만 여호수아와 갈렙은 이들과 완전히 다른 보고를 합니다.

다만 여호와를 거역하지는 말라 또 그 땅 백성을 두려워하지 말라 그들은 우리의 먹이라(민 14:9상).

여호수아와 갈렙은 여호와 하나님에 대한 믿음에 기초하여 가나안 사람들을 충분히 물리칠 수 있다는 긍정적 보고를 합니다. 가나안 사람들을 '우리의 먹이'라고 말합니다. 그 이후 우여곡절 끝에 가나안 땅을 탐지하러 갔던 사람들 중 부정적인 보고를 한 열 명은 광야에서 모두 죽고 오직 여호수와와 갈렙만 살아남아 이스라엘 백성들을 이끌고 가나안 땅으로 진격해 들어갑니다. 이 두 사람이 주도적인 역할을 해서 이스라엘 민족은 가나안 정복 전쟁에서 승리하게 됩니다.

직장 생활에서도 이와 비슷한 현상을 볼 수 있습니다. 대략 70~80퍼센트의 직원들은 도전보다 안주하려는 경향이 강합니다. 20~30퍼센트 정도의 소수 직원들만이 적극적으로 도전하려고 합니다. 이런 직원들이 회사를 발전시키고 자신도 성장시킵니다.

제가 가까이서 본 경험을 공유하고자 합니다. 랙바(Rack Bar)라는 자동차 부품이 있습니다. 자동차 조향 장치에 들어가는 부품입니다. 당시 강원도 원주에 소재한 M사에서 일본산 직선 봉강을 수입하여 이 부품을 만들고 있었습니다. 포스코는 직선 봉강은 생산하지 않고 코일 형태로 감은 봉강만 생산합니다. 저는 코일 형태의 봉강을 1차 고객사에서 펴서 직선 봉강으로 만들면 랙바용 소재로 쓸 수 있을 것으로 생각했습니다. 코일 형태의 봉강은 대량 생산이 가능하므로 제조 비용이 낮아 일본산 직선 봉강을 충분히 대체할 수 있을 것으로 예상했습니다.

 1차 고객사의 J 팀장과 함께 포항에서 원주까지 차를 몰고 M사로 찾아갔습니다. M사의 S 부장은 우리 얘기를 듣더니 코일 형태의 봉강으로 랙바를 가공하면 톱니 부분에 다량의 균열이 발생하기 때문에 사용이 불가하다고 딱 잘라 말했습니다. 우리는 랙바 제작 과정을 보면 새로운 아이디어가 생길지 모르니 제조 공정을 한번 보여 달라고 요청했으나 그것도 거절당했습니다. 잠재 고객사에 출장 가서 이런 푸대접을 받기는 그때가 처음이었습니다.

 함께 간 J 팀장은 대단히 긍정적이고 적극적인 사람이었습니다. 포기하지 않고 S 부장에게 매달렸습니다. 코일 형태의 봉강을 직선 형태로 만들어 샘플을 공급할 테니 그것으로 딱 한 번만 테스트를 해 달라고 부탁했습니다. S 부장은 "그런 쓸데없는 일을 할 필요 없다!"라며 매몰차게 거절했습니다. 하지만 J 팀장은 포기하지 않고 거듭 기회를 달라고 부탁했고, 저도 기회를 한번 주시면 실망시키지 않겠다며 간곡히 부탁했습니다. 결국 "샘플을 만들어 오면 테스트는 한번 해주겠다. 그러나 크게 기대는 하지 말라"고 하면서 마지못해 허락했습니다.

 포항으로 내려오는 차 안에서 우리는 반드시 성공해서 S 부장의 코를 납작하게 만들자고 다짐했습니다. 내려오자마자 코일 형태의 봉강을 시험 생산하여 J 팀장이 근무하는 회사에 출하하였습니다. J 팀장의 의지는 대단했습니다. "성공할 수 있습니다!"라는 말을 만날 때마다 했습니다. 성공을 좌우하는 핵심 품질 요소는, 코일 형태의 봉강을 직선으로 폈을 때 처음부터 직선 봉강으로 생산한 것과 동일한 잔류 응력 분포를 가지는 데 있었습니다. J 팀장은 직선으로 편 봉강을 랙바 크기로 절단해서 잔류 응력이 어떻게 분포하는지 측정하고 그 결과를 참고하여 직선화 가공 조건을 계속해서 바꿔 나갔습니다.

지성이면 감천이라고 가끔씩 양호한 응력 분포를 보이는 것들이 나오기 시작했습니다. J 팀장과 저는 기대감으로 흥분했습니다. 테스트를 진행할수록 양품이 조금씩 증가했습니다. 직선으로 편 봉강 중 양호한 것으로만 골라서 M사에 보냈습니다. 랙바 시제품을 만드는 날 J 팀장과 저도 M사 공장에 들어가서 테스트 과정을 지켜보았습니다.

시제품을 만들어 보니 양품도 나왔지만 예상보다 불량품이 많이 발생했습니다. 이제는 어쩔 수 없이 포기해야 하는구나 생각하며 S 부장 얼굴을 쳐다보는데 의외로 그분 표정이 밝았습니다. 이 분야 제일 전문가인 S 부장은 이번 시제품 테스트에서 성공 가능성을 보았던 것 같습니다. 성공하면 가장 큰 이익을 보는 회사가 M사이기 때문에 양품이 상당량 나온 것을 보고는 태도가 이전과 완전히 달라졌습니다. 언제든지 시제품 테스트를 해줄 테니 계속 샘플을 보내 달라고 했습니다. 약 1년 6개월 정도의 노력 끝에 수입 봉강을 국산화할 수 있었습니다.

J 팀장은 앞에서 말한 적극적으로 도전하는 20퍼센트에 속하는

사람이었습니다. 결국 J 팀장의 긍정 마인드와 도전 정신이 이를 가능하게 했습니다. J 팀장은 약 25년 후에 소속 회사의 사장으로 승진하였습니다.

앞의 J 팀장처럼 직장 생활에서 긍정적 마인드를 갖는 것은 대단히 중요합니다. 긍정적 마인드를 갖고 있는 사람에게는 새로운 기회가 생깁니다. 기회란 성공으로 올라가는 사다리라고 할 수 있습니다. 하지만 부정적인 마인드를 가지고 있으면 저절로 찾아오는 기회도 외면하게 됩니다. 성공으로 올라가는 사다리를 스스로 차 버리니 언제나 그 자리에서 맴돌기만 합니다.

긍정적 마인드를 가진 직원과 부정적 마인드를 가진 직원 모두 동일한 출발선에서 직장 생활을 시작합니다. 하지만 시간이 지날수록 두 사람 사이의 간격은 벌어집니다. 긍정적 직원은 다소 힘들어 보이는 일에 과감히 도전합니다. 처음 한두 번은 실패하겠지만 곧 성공을 경험합니다. 그렇게 되면 더 큰 기회가 주어지고 그것을 해결하면 또다시 새로운 기회가 주어지는 선순환 속으로 들어가게 됩니다. 반대로 부정적 사람은 이 핑계 저 핑계를 대면서 힘든 일에 도전하지 않습니다. 도전을 하지 않으니 눈에 띄는 성공 체험을 할 수가 없습니다. 결국에는 중요하지 않은 일상적인 일만 반복하다가 소중한 시간을 다 보냅니다.

크리스천 직장인이라면 더더욱 긍정적인 마인드를 가져야 합니다. 사도 바울은 "내게 능력 주시는 자 안에서 내가 모든 것을 할 수 있느니라"(빌 4:13)라고 말합니다. 우리도 하나님의 뜻에 합당하다면 어떤 일이든지 해낼 수 있다는 긍정적인 마인드를 가지고 새로운 일에 도전해야 합니다. 그리고 훌륭한 성과를 만들어 주위 동료들에게 업무 능력에서 본을 보여야 합니다. 또한 늘 긍정적인 태도로 주위 동료들을 칭찬하고 격려해야 합니다. 믿지 않는 동료들이 이런 나의 삶을 보고 기독교에 대해서 호감을 가진다면 그보다 더 좋은 일은 없을 것입니다.

세 잔의 차로
상사의 마음을 얻으라

　도요토미 히데요시는 1574년 주군인 오다 노부나가로부터 작은 성을 하나 하사받아 처음으로 성주가 되었습니다. 밑바닥에서 시작해서 성주까지 오른 히데요시에게는 가신이라 부를 만한 인재들이 부족했습니다.
　어느 날 깊은 산으로 매사냥을 하러 갔다가 갈증이 난 그는 관음사라는 절을 발견하고 안으로 들어갔습니다. 경내에서 만난 동자승에게 갈증이 나니 차를 한 잔 달라고 부탁했습니다. 동자승은 미지근하고 연한 차를 큰 잔에 담아 가지고 나왔습니다. 갈증이 심했던 도요토미는 단숨에 차를 다 마셨습니다. 이를 본 동자승은 처음보다 조금 더 뜨겁고 진한 차를 큰 잔에 절반만 채워 가져왔습니다. 이것도 다 마시자 동자승은 다시 뜨겁고 진한 차를 작은 찻잔에 담아 가져다주었습니다.

다들 이해하시겠지만, 동자승은 목이 마른 사냥꾼의 입장을 생각하여 처음에는 미지근한 차를 큰 잔에 가져왔고, 갈증이 해소되어 가면서 차를 즐길 수 있도록 찻물의 온도는 증가시키고 잔의 크기는 줄여 나갔습니다. 도요토미는 이를 통해 동자승이 인재라는 것을 단번에 알아보고 자기 옆에 두었는데, 그가 바로 도요토미의 최측근 이시다 미쓰나리라고 합니다. 이시다는 그 당시 절에서 학문을 닦고 있었습니다. 사소한 차 심부름이었지만 상대의 마음을 읽고 지혜롭게 행동함으로써 훗날 일본 천하의 2인자가 되었습니다. 세 잔의 차가 그의 인생을 바꾸었습니다.

위의 예에서 볼 수 있듯이 사람의 마음을 읽는 것이 중요합니다. 직장은 혼자서 일하는 곳이 아니라 여럿이 함께 일하는 곳이므로 구성원들의 마음을 잘 헤아려야 합니다. 특히 리더의 뜻을 잘 파악해야 합니다. 리더의 마음을 잘 읽고 리더와 같은 방향으로 달려야 합니다. 그렇게 해야 힘이 한곳으로 모여서 큰 성과를 만들어 낼 수 있습니다.

사람마다 인생관이나 가치관이 다릅니다. 어떤 사람은 이것을 중요하게 생각하지만 어떤 사람은 저것을 중요하게 생각합니다. 자주 듣는 얘기지만 '다른 것'과 '틀린 것'을 서로 혼동하지 않도록 주의해야 합니다. 리더의 조직 운영 방향이 내가 기대하는 것과 '달라도' 그것을 '틀린 것'이라고 생각하면 안 됩니다. 그렇게 하면 리더와 멀어지고 리더의 마음을 읽기가 어려워집니다. 윗사람은 자기 의도를 잘 알고 거기에 맞추는 아랫사람을 가까이하고 그에게 중요한 일을 맡깁니다. 리더의 마음을 잘 읽고 리더에게 인정을 받아야 합니다. 그래야 나중에 내가 리더의 자리에 오를 수 있습니다. 내가 리더 자리에 앉게 되면 그때 내 가치관에 맞게 일을 하면 됩니다.

구약성경에 나오는 요셉도 리더의 마음을 잘 읽는 사람이었습니다. 야곱의 열한 번째 아들인 요셉은 형들의 시기를 받아 애굽에 노예로 팔려 갑니다. 그는 애굽에서 세 사람의 리더를 차례대로 만납니다. 시위대장 보디발과 감옥을 관리하는 간수장 그리고 애굽의 통치자 바로입니다. 그런데 이 세 사람의 리더는 하나같이 자신의 전권을 요셉에게 위임하는 파격적인 결정을 합니다.

> 요셉이 그의 주인에게 은혜를 입어 섬기매 그가 요셉으로 가정 총무를 삼고 자기 소유를 다 그 손에 위탁하니(창 39:4).

> 간수장이 옥중 죄수를 다 요셉의 손에 맡기므로 그 제반 사무를 요셉이 처리하고(창 39:22).

> 바로가 또 요셉에게 이르되 내가 너를 애굽 온 땅의 총리가 되게 하노라 하고(창 41:41).

요셉이 자신의 리더들로부터 전폭적 신뢰와 지지를 받은 이유는 무엇일까요? 그들은 모두 하나님께서 요셉과 함께하심을 보았습니다. 또한 요셉이 하나님의 도우심으로 맡긴 일을 자기들이 원하는 대로 탁월하게 잘 처리하는 것을 보았습니다. 그래서 자신들의 일을 모두 요셉에게 맡겼습니다.

거꾸로 요셉의 입장에서 보면 요셉은 자신의 리더들이 무엇을 원하는지 하나님의 도우심으로 정확히 알았습니다. 심지어는 바로가 꾼 꿈이 무엇을 의미하는지도 알았습니다. 한마디로 리더들의 마음을 잘 헤아렸다는 것입니다. 그리고 요셉은 하나님에게 기도하며 리더가 자기에게 맡긴 일을 처리하기 위해 최선을 다했습니다. 그 결과 리더들이 기대하는 이상의 성과를 만들어 낼 수 있었습니다.

요셉은 부하 직원이 상사에게 기대할 수 있는 최고의 신뢰를 받았습니다. 모든 상사로부터 예외 없이 그런 신뢰를 얻었습니다. 그야말로 조직에 몸담고 있는 사람들의 최고의 롤 모델이라 할 만합니다. 우리는 요셉으로부터 하나님을 의뢰하는 믿음과 함께 리더의 마음을 깊이 헤아리는 태도를 배워야 합니다. 리더가 원하는 바를 정확히 알고 최선을 다해 그것을 이루고자 하는 자세를 배워야 합니다.

저는 회사에서 비중이 가장 적은 '선재' 제품을 연구하는 연구 그룹의 리더를 맡았습니다. 7년간 리더 자리에 있었는데 그 사이에 원장님이 몇 번 바뀌었습니다. 원장님들은 대부분 경영에 큰 영향을 미치지 못하는 선재 분야에 관심이 없었습니다. 리더인 저로서는 고민스러웠습니다. 윗사람이 관심이 없으면 저를 포함한 모든 그룹원들의 장래가 어두워질 수밖에 없기 때문입니다. 원장님이 바뀔 때마다 어떻게 하면 신임 원장님이 선재에 관심을 가질 수 있게 할까 하는 것이 저의 최대 고민이었습니다. 따라서 다른 그룹장들보다 신임 원장님이 어떤 분인지 파악하기 위해 훨씬 더 많은 노력을 할 수밖에 없었습니다.

신임 원장님들의 생각을 알기 위해 고민했던 사례 하나를 소개합니다. 새로 부임하신 원장님은 연구 결과 보고받기를 누구보다 좋아했습니다. 원장님이 주재하는 연구 결과 보고회에는 연구소 내의 다른 그룹장들도 참석을 했습니다. 다른 그룹에서는 어떻게 연구하는지 보고 배우기 위해서입니다. 저는 이 시간을 통해 원장님 생각을 읽으려고 노력했습니다. 특별히 원장님의 말씀을 한마디도 놓치지 않으려고 애를 썼습니다. 다른 그룹장들은 다소 느긋하게 이 시간을 보냈지만 저는 처음부터 끝까지 집중력을 잃지 않으려고 최선을 다했습니다.

그 결과 원장님은 재무적으로 큰 성과가 있는 연구 결과를 냈더라도 이론적으로 깊이가 없으면 그다지 가치 있게 여기지 않는다는 사실을 알았습니다. 재무적 효과는 그리 크지 않더라도 깊이 있는 이론이 뒷받침된 연구 결과를 좋게 평가했습니다. 향후에 회사를 먹여 살릴 만한 커다란 연구 성과를 창출하기 위해서는 이론적 바탕이 튼튼하지 않으면 안 된다고 생각하시는 분 같았습니다.

원장님의 생각을 조금 파악하니 제가 담당하고 있는 연구 그룹이 인정받을 수 있는 길이 보이는 것 같았습니다. 비록 제품 생산량 자체가 적어서 재무적 효과가 큰 연구 결과를 얻지는 못하더라도 이론적으로 깊이 있는 연구를 하면 중간 정도의 평가는 받을 수 있겠다는 생각이 들었습니다. 그래서 저희 그룹 연구원들의 연구 테마가 정해지면 실험하는 시간을 줄이더라도 이론을 강화하는 논문 스터디에 시간을 많이 쓰도록 했습니다. 그룹 내부 회의를 할 때도 이 점에 신경을 써서 기초 이론에 관련된 토론을 많이 했습니다.

그 결과 저희 그룹의 연구원들이 연구 결과를 보고하면 과거와 달리 원장님이 관심을 갖기 시작했습니다. 이러한 원장님의 관심은 우리 연구원들을 크게 고무시켰습니다. 이것이 선순환 효과를 일으켜서 더 열심히 연구하게 되었습니다. 자연히 연구의 수준이 깊어지고 덩달아 재무 효과도 조금씩 늘어났습니다. 이에 따라 연구원들의 인사 평가도 좋아지고 다른 그룹 못지않게 승진도 많이 하였습니다. 원장님의 생각을 알려고 애쓴 결과, 찬바람 불던 변방에 있던 연구 그룹이 따뜻한 중심부 쪽으로 조금 이동하는 결실을 맺을 수 있었습니다.

세상은 관심을 가지고 노력하는 만큼 보이는 것 같습니다. 리더에게 관심을 가져야 리더가 무엇을 좋아하고 어떤 것에 가치를 두는 사람인지 알 수 있습니다. 리더를 잘 알아야 일을 효과적으로 할 수 있습니다. 그렇게 하면 좋은 성과를 만들 수가 있습니다. 좋은 성과를 만들면 회사는 나를 유능한 사람으로 평가합니다. 결국 리더의 마음을 잘 읽어야 나중에 내가 리더가 될 수 있습니다.

우리는 직장 생활을 하면서 리더가 지금 어느 정도 목이 마른지 민감할 필요가 있습니다. 미지근한 차를 큰 잔에 많이 담아 주어야 할지 뜨거운 차를 작은 잔에 조금 담아 주어야 할지 알 수 있어야 합니다. 이것은 리더를 위하는 것이지만 사실은 나 자신을 위한 일입니다. 내가 지금 어떤 직장에서 무슨 일을 하고 있든 리더의 마음을 잘 헤아리는 것은 대단히 중요합니다.

앵두를 많이
먹는 법을 배우라

철강왕 앤드루 카네기는 어린 시절 곧잘 어머니를 따라 가게에 가곤 하였습니다. 어느 날 가게에 갔을 때, 그는 먹음직스럽게 진열되어 있는 빨간 앵두를 보고 눈을 떼지 못했습니다. 그가 먹고 싶어 하는 걸 눈치 챈 가게 주인이 말했습니다.

"얘, 한 움큼 가져가렴."

그러자 카네기는 고개를 가로저었습니다.

"얘, 너 앵두가 싫으니?" "아니요. 좋아해요."

"그럼 아저씨가 공짜로 주는 거니까 주저 말고 한 움큼 집어."

그래도 카네기는 손을 내밀지 않았습니다. 꼬마가 부끄러워하는 줄 안 가게 주인은 얼른 자신이 앵두 한 움큼을 집어서 그의 모자에 넣어 주었습니다. 집에 돌아온 어머니가 카네기에게 물었습니다.

"앤드루, 너 아까 가게에서 왜 앵두를 집지 않았니?"

그러자 카네기가 말했습니다.

"아저씨 손이 내 손보다 크잖아요!"

카네기는 주인이 앵두를 한 움큼 가져가라고 하자 바로 덥석 집지 않고 의도적으로 망설였습니다. 자기 손으로 집는 것보다 아저씨가 집어 주면 더 많이 가져갈 수 있다는 생각을 했기 때문이죠. 꼬마 카네기는 이런 지혜로운 생각으로 더 많은 앵두를 먹을 수 있었습니다. 카네기는 이와 같은 '생각의 힘'을 길러서 세계의 철강왕이 되었습니다.

우리가 잘 아는 삼국지의 유비는 도원결의 이후 관우, 장비와 함께 홍건적과 이런저런 전투를 치릅니다. 이 시기에는 머리 없이 몸으로만 싸움을 했다고 할 수 있습니다. 용맹한 관우와 장비가 주축이 되어 힘으로 전투를 했습니다. 이길 때도 있고 질 때도 있었습니다. 간혹 싸움에 이기더라도 작은 승리에 그치고 맙니다.

하지만 임협 집단 수준이었던 유비의 군대가 제갈공명을 영입하면서 완전히 달라집니다. 전투를 하기 전에 제갈공명의 머릿속에서 승리할 계책이 먼저 만들어집니다. 그리고 그 계책이 군막 안에서 장군들에게 공유됩니다. 본격적인 전투는 그후에 시작됩니다. 그 결과 소수의 유비군이 조조의 대군을 물리치기도 합니다. 유비는 제갈공명의 도움으로 위나라, 오나라와 함께 천하를 놓고 싸울 정도로 세력을 키우게 됩니다. '생각의 힘'이 얼마나 대단한지를 잘 볼 수 있습니다.

그러면 성경은 '생각의 힘'에 대해 어떻게 말하고 있을까요? 잘 아시다시피 성경은 무엇보다도 믿음을 강조합니다. 성경의 위대한 인물들은 모두 믿음에 따라 행동했습니다. 그런데 성경을 자세히 살펴보면 이 믿음에 지혜로운 생각을 더하여 사명을 감당한 인물도 많이 나옵니다. 대표적인 인물이 에스더라고 생각합니다.

그녀는 동족인 유대인들의 목숨을 구하기 위해 금식 기도를 한 후, 왕의 부름이 없었음에도 '죽으면 죽으리라'는 믿음으로 왕 앞에 나아갔습니다. 당시에는 왕비라 할지라도 왕의 부름 없이 함부로 나아가면 죽임을 당할 수도 있었습니다. 다행히 그녀는 왕의 선처로 무사히 왕 앞에 섰습니다. 하지만 그녀는 힘들게 얻은 기회임에도 불구하고, 그 자리에서 바로 유대인들의 원수인 총리 하만을 처단해 달라고 요청하지 않았습니다. 대신 왕과 하만을 자신의 잔치에 초대하였습니다.

> 왕이 이르되 왕후 에스더여 그대의 소원이 무엇이며 요구가 무엇이냐 나라의 절반이라도 그대에게 주겠노라 에스더가 이르되 오늘 내가 왕을 위하여 잔치를 베풀었사오니 왕이 좋게 여기시거든 하만과 함께 오소서(에 5:3-4).

여기에서 그녀의 지혜로운 생각을 엿볼 수 있습니다. 앞에서 언급한 어린 카네기가 이 성경 내용을 따라하지는 않았겠지만 지혜로운 생각을 하는 에스더와 카네기의 행동이 상당히 유사합니다. 꼬마 카네기가 주인의 말에 덥석 손을 뻗지 않고 의도적으로 망설인 것처럼 왕비 에스더도 왕이 소원을 말하라고 했을 때 바로 말하지 않고 의도적으로 참습니다. 대신 자신이 준비한 잔치에 초대합니다. 지혜로운 생각의 결과였습니다.

왕은 부르지도 않은 왕비가 무슨 용건으로 자기를 찾아왔는지 잔뜩 궁금해하고 있었는데 정작 용건은 말하지 않고 잔치에 초대하자 궁금증이 더 커졌습니다. 한편 하만은 왕과 자신만이 왕비의 연회에 초대받았기 때문에 자신이 왕의 신임을 크게 받고 있다고 생각했습니다. 그 결과 긴장을 풀고 행동을 조심하지 않았습니다.

잔치 자리에서 왕비는 하만이 자신을 포함한 전 유대인을 죽이기로 음모를 꾸미고 있다는 사실을 잔뜩 궁금해하는 왕에게 이야기했습니다. 왕은 기다렸다는 듯이 바로 하만을 처단하라고 지시합니다. 왕의 이 명령 한마디로 나라 안의 모든 유대인들이 목숨을 구하였습니다. 에스더는 믿음에 지혜로운 생각을 더하여 자신에게 주어진 사명을 온전히 이루어 낼 수 있었습니다. 믿음에 '생각의 힘'이 더해져서 큰 성과를 만들어 낸 사례라고 할 수 있겠습니다.

직장 생활에서도 '생각의 힘'을 잘 활용하는 것이 대단히 중요합니다. 크든 작든 어떤 일에서 기대하는 성과를 얻기 위해서는 생각을 깊이 해서 전략적으로 접근하는 것이 효과적입니다.

저는 직장 생활을 시작하면서 회사 내에서 생산량도 적고 매출액도 낮은 선재 분야에 소속되어 연구원으로 일했습니다. 이 분야 연구원들은 모두 합쳐 10여 명이 채 안 되었습니다. 회사 경영층은 선재가 주력 제품이 아니어서 별 관심이 없었습니다. 이로 인해 선재 분야는 독자 연구 조직을 갖지 못하고 늘 다른 메이저 제품 조직에 더부살이를 해야 했습니다. 예를 들면 열연선재연구그룹 혹은 후판 선재연구그룹이라는 이름으로 메이저 제품에 셋방살이를 했습니다.

그 당시 저는 매주 토요일과 일요일에 운동 삼아 아파트 뒤 산길을 두어 시간씩 걸었습니다. 호젓한 산길을 걸으면서 이런저런 생각들을 하였습니다. 특히 제가 연구하는 선재 분야가 회사 내에서 주목을 받을 수 있는 방법은 없을까 하는 생각을 많이 하였습니다. 여러 번 생각하고 고민한 결과 두 가지 계획을 세웠습니다.

우선 선재 제품이 '돈이 되어야' 윗사람들의 관심을 받을 수 있을 것이므로 회사의 다른 제품보다 먼저 '제품 고급화'를 달성해서 부가가치를 높이는 것이 중요하겠다는 생각을 했습니다. 동료 연구원들과 얘기해 보니 그들도 저와 비슷한 생각을 하고 있었습니다. 그때부터 우리는 제품별로 높은 수준의 목표를 정해 놓고 제품을 고급화하는 데 온 힘을 기울였습니다.

다음으로는 영향력 있는 임원에게 선재의 중요성을 '직접' 어필할 기회를 찾으려고 노력하였습니다. 윗사람이 선재에 대해서 관심이 없으니 연구그룹장이 더부살이하고 있는 선재에 대해서는 거의 보고를 하지 않는 것 같았습니다. 어떻게 해서든지 영향력 있는 임원께 선재를 담당하고 있는 연구원이 직접 보고할 수 있는 기회를 찾아야 한다고 생각했습니다.

그 당시 중국 철강업이 급부상하고 있었습니다. 위기를 느낀 회사는 전사적으로 제품 고급화를 추진하였습니다. 본사 CTO께서 주관하여 회사 제품 중에 6대 전략 제품을 선정하고, 이 제품들을 고급화하는 데 전사 역량을 집중하였습니다. 애석하게도 선재 제품은 6대 제품에 끼이지 못해 여전히 관심 밖의 제품으로 머물러 있어야 했습니다.

그 즈음에 CTO께서 6대 전략 제품을 주제로 기술연구원에서 특강을 한다는 계획이 공지되었습니다. CTO 특강 소식을 들은 저는 이번이 주요 임원께 선재의 중요성을 직접 알릴 수 있는 절호의 기회라고 생각하였습니다. 그래서 선재의 중요성을 어필할 수 있는 짧은 질문서를 만들었습니다. 짧은 문안이었지만 수없이 고치고 다듬었습니다. 전체 연구원이 참석한 가운데 CTO 특강이 진행되었습니다. 강연이 끝나고 질문 시간이 되었을 때 제가 제일 먼저 손을 들었습니다.

300~400명이 앉아 있는 큰 강당에서 두근거리는 가슴을 진정시키면서 질문을 했습니다. 'CTO께서 추진하시는 6대 전략 제품 프로젝트가 전사적인 호응 속에 큰 성과가 있는 것 같다. 그런데 선재 제품도 미래의 캐시 카우(Cash Cow)로써 가능성이 대단히 크다. 선재도 이 프로젝트에 추가로 포함시켜 주시면 회사 경영에 상당한 기여를 할 수 있을 것 같다. 이 점에 대해 CTO께서는 어떻게 생각하시는지 궁금하다'라는 취지의 질문이었습니다.

제 질문에 CTO께서는 선뜻 '나도 그런 생각을 하고 있었다. 적극적으로 검토해 보겠다'는 요지의 답변을 주셨습니다. CTO도 선재를 포함한 몇 가지 제품들을 전략 제품에 추가로 포함시킬지 고민하던 중에 제가 이런 발언을 한 것 같습니다. 선재 제품의 중요성을 짧게나마 영향력 있는 임원에게 직접 알릴 수 있었던 좋은 기회였습니다.

CTO 특강 이후 곧바로 선재를 포함한 몇 가지 제품들이 전략 제품에 추가로 포함되었습니다. 선재는 이미 내부적으로 제품 고급화를 추진하고 있었기 때문에 주목할 만한 성과를 꽤 많이 보고할 수 있었습니다. 이와 함께 제가 소속된 후판선재연구그룹이 후판연구그룹과 선재연구그룹으로 분리되었습니다. 그동안 더부살이만 하던 선재가 마침내 별도 조직으로 독립한 것입니다. 이날 선재 분야 모든 연구원들의 마음은 하늘 위로 날아 올랐습니다.

직장 생활을 할 때 '생각의 힘'의 중요성을 절대 잊으면 안 됩니다. 행동하기 전에 생각을 해야 합니다. 너무나 당연한 얘기지만 실제로는 잘 지켜지지 않습니다. 어떤 일을 처리하더라도 먼저 깊이 생각한 후 추진해야 합니다. 급하게 몸부터 나가면 안 됩니다. 천천히 여유를 가지고 생각을 해야 합니다. 그것이 빠른 길입니다. 생각의 힘은 빨간 앵두를 넉넉하게 맛볼 수 있게 해주는 놀라운 능력을 가지고 있습니다.

동료에게
구두를 벗어 던져 주라

 남루한 소년이 기차역 한구석에 쭈그리고 앉아서 자신의 망가진 낡은 슬리퍼를 고치고 있었습니다. 그때 반짝반짝 빛나는 구두를 신은 비슷한 또래의 부잣집 소년 하나가 아버지와 함께 기차를 타러 옵니다. 남루한 소년의 시선은 자기도 모르게 반짝이는 구두를 좇아갑니다.

 부잣집 소년은 자신의 새 구두가 너무 좋아서 잠시 기차를 기다리는 순간에도 구두에 묻은 먼지를 털어 내느라 여념이 없습니다. 잠시 후 기차가 플랫폼으로 들어왔습니다. 사람들이 기차를 타려고 우르르 몰려가는데도 부잣집 소년은 자기 구두를 닦는 데 정신이 팔려 있었습니다. 다급해진 아버지가 아들의 손을 잡아당기며 기차에 올라타는데 그만 소년의 구두 한 짝이 벗겨져 플랫폼 바닥으로 떨어졌습니다. 많은 인파로 인해 소년은 벗겨진 구두를 줍지 못했고 기차는 움직이기 시작했습니다.

이 모든 광경을 지켜보고 있던 가난한 소년이 부잣집 소년의 구두를 주워 들고 잠시 망설이다가 움직이는 기차를 향해 뛰기 시작했습니다. 하지만 기차를 따라잡기에는 역부족이었습니다. 소년은 기차 출입문에서 구두를 받으려고 서 있는 부잣집 소년을 향해 힘껏 구두를 던졌습니다. 하지만 아쉽게도 구두는 차체를 맞고 튕겨 나왔습니다. 가난한 소년이 유혹의 감정을 억누르고 시도한 착한 행동이 무위로 끝났습니다. 하지만 그 순간 반전이 일어났습니다. 기차 안의 소년이 자기가 신고 있던 나머지 구두 한 짝을 벗어 플랫폼에 서 있는 소년을 향해 힘껏 던진 것입니다! 이집트 단편 영화 〈다른 한 짝〉(the other pair)의 줄거리입니다.

참 순수하고 따뜻한 영화 같습니다. 짧은 순간이지만 두 소년이 서로의 마음을 읽었습니다. 서로 공감하였습니다. 공감한 두 마음이 함께 어우러져 아름다운 그림을 그렸습니다. 가난한 소년은 플랫폼에 떨어진 반짝이는 구두가 탐났지만 구두 주인이 그 구두를 무척 아낀다는 것을 알았기 때문에 그에게 구두를 던져 주었습니다. 상대의 마음을 알고 공감함으로써 구두에 대한 유혹을 물리칠 수 있었습니다. 마찬가지로 부잣집 소년도 구두를 갖고 싶어 하는 가난한 소년의 마음을 알았기 때문에 자신이 신고 있던 나머지 구두 한 짝을 벗어 던져 주었습니다. 상대의 마음을 잘 읽고 공감한 결과, 반짝이는 구두 한 켤레를 가난한 소년에게 선물할 수 있었습니다. 두 소년 모두 승리한 것입니다.

　공감은 상대의 필요를 발견하여 채워 주고 상대와 나를 모두 승리자로 만들어 줄 수 있습니다. 공감을 잘하려면 상대를 이해해야 합니다. 그러기 위해서는 마음을 열고 상대를 받아들여야 합니다. 상대의 입장에서 생각해야 합니다. 낮은 자세로 상대의 얘기를 경청해야 합니다. 이럴 때 상대방에게 공감할 수 있습니다. 그러면 상대방도 나에게 공감하게 됩니다. 상호 공감이 이루어지면 힘이 모이고 좋은 변화를 만들어 낼 수 있습니다.

　많은 사람들이 함께 어울려 생활하는 직장은 공감 능력이 매우 필요한 곳입니다. 리더와 직원 그리고 동료와 동료 사이에 상호 공감이 있어야 팀워크를 통해 훌륭한 성과를 만들 수 있습니다.

　아무래도 여러 사람이 모여 있는 조직에서는 직원보다 리더에게 더 큰 공감 능력이 요구된다고 하겠습니다. 그렇지만 안타깝게도 리더가 직원들에게 공감 능력을 갖기란 쉽지 않은 것 같습니다. 사람의 본성상 지위가 올라갈수록 오만과 독선에 빠지기 쉽습니다. 스스로 자신을 잘난 사람이라고 생각합니다. 자신이 직원들보다 낫다고 생각합니다. 직원들의 의견을 경청하고 그들과 공감하기보다 잘난 자신이 모든 것을 결정하려는 경향이 있습니다. 많은 리더들이 꿈을 이루지 못하는 것은 타고난 재능이 부족해서가 아닙니다. 잘난 체하다가 실수하기 때문에 그렇게 되는 것입니다. 아랫사람의 진지한 의견에 공감하지 않고 자기 뜻대로 행하다가 발 앞에 놓여 있는 돌부리를 보지 못해서 넘어지는 리더가 많습니다.

타고난 재능은 출중하나 자만심으로 인해 부하의 의견을 무시하여 돌부리에 걸려 넘어진 대표적인 사람이 초패왕 항우 아닌가 합니다. 초한 전쟁이 시작되기 직전 항우는 홍문의 연회에서 유방과 마주 앉아 술을 마시고 있었습니다. 이때 책사인 범증은 항우에게 눈짓하며 옥술잔을 자꾸 가슴 앞으로 들어 보였습니다. 어서 유방을 죽이라고 재촉하는 신호였습니다. 그러나 자만심이 가득한 항우는 범증을 본체만체하며 아무런 행동도 취하지 않았습니다.

얼마간 시간이 흐른 후 유방은 볼일을 본다며 연회 자리에서 빠져나왔습니다. 분위기가 심상치 않음을 느꼈기 때문에 바로 자신의 군영으로 돌아가고 싶었습니다. 하지만 인사도 하지 않고 가는 것이 예의범절에 어긋나는 것 같아 우물쭈물 망설이고 있었습니다. 그때 유방의 장수인 번쾌가 "천하를 도모하는 사람이 그 잘난 예의에 발목이 잡힌단 말입니까! 지금은 그런 것을 따질 경황이 아닙니다. 어서 돌아가야 합니다"라고 권유하여 유방은 바로 자신의 군영으로 돌아가 화를 면할 수 있었습니다.

항우는 명문 귀족 출신으로 건달 출신인 유방에 비해 재능이나 군사력 등에서 엄청난 우위에 있었지만 결국에는 유방에게 패하고 말았습니다. 경청과 공감 능력의 차이가 결정적 이유였습니다. 유방은 아랫사람의 간언을 경청하고 수용한 데 반해 항우는 그러지 못하였습니다. 항우처럼 자만심 가득한 리더들은 아랫사람의 제안을 진지하게 경청하기 어렵고 공감하여 받아들이는 것도 쉽지 않습니다.

리더는 아랫사람들의 제안에 두 귀를 활짝 열어야 합니다. 좋은 의견이 있으면 적극적으로 수용해야 합니다. 그렇게 함으로써 실수를 줄이고 큰일을 도모할 수 있습니다. 리더에게 공감 능력은 성공과 실패를 가르는 중요한 자질 중의 하나입니다.

조직이 발전하려면 리더뿐 아니라 직원들도 공감 능력을 길러야 합니다. 특히 자신이 속한 부서의 리더에게 공감을 해야 합니다. 학생들이 선생님이 싫으면 그 과목을 소홀히 하듯이, 직원이 리더에 대해 공감하지 못하면 회사 일에 대한 열정이 식어 버리는 경우가 많습니다. 리더 계층이 자만심 때문에 공감을 잘하지 못한다면, 직원들은 오해나 편견 때문에 공감을 잘하지 못하는 것 같습니다.

많은 직원들이 자신의 생각 속에 갇혀 리더의 결정 사항을 '선택의 문제'로 보지 않고 '정답이 있는 문제'로 오해합니다. 학교에 다닐 때와는 달리 사회 생활에서는 정답이 있는 문제는 별로 없고, '어느 것을 선택하는 것이 최선일까?'를 고민하는 선택의 문제가 대부분입니다. 문제의 성격을 제대로 알지 못하고 오해하면 그 문제에 대한 리더의 결정에 공감하기가 힘들어집니다.

예를 들어, 제가 일하는 포항에서 서울로 출장을 갈 때 고속 열차를 탈 수도 있고 고속버스를 탈 수도 있습니다. 어떤 교통수단을 이용하느냐는 정답을 찾는 문제가 아니라 선택을 하는 문제입니다. 직원들과 함께 서울로 출장을 갈 때, 리더가 어려운 경영 여건을 고려하여 고속버스를 타기로 결정했다고 합시다. 이때 동행하는 직원들은 리더의 '선택'에 공감하여 '회사가 어려운데 한 푼이라도 아껴야지'라고 생각하면서 가벼운 발걸음으로 고속버스에 오르는 태도가 바람직합니다. 하지만 '출장 가서 일을 잘하려면 당연히 빠르고 편한 고속 열차를 타야지 고속버스가 뭐냐. 우리 부장은 뭘 몰라도 한참 모르는 것 같아'라고 생각하며 리더가 '틀린 결정'을 한 것으로 오해하는 직원은 리더에 대해 공감하기가 힘들어집니다.

사회 생활을 시작했다면 학생 티를 벗고 문제의 성격을 제대로 파악할 줄 알아야 합니다. 정답이 없는 문제를 정답이 있는 문제로 착각하지 말아야 합니다. 그리고 정답이 없는 문제에서 자신과 생각이 다르다고 해서 윗사람에게 불평불만을 품는 직원은 지혜롭지 못합니다. 그런 직원들은 리더와의 관계가 소원해지고 일에 대한 열정도 떨어집니다. 결국 조직에서 성장하기가 쉽지 않습니다. 리더와 생각이 다르더라도 '정답이 있는 문제'가 아니라 '선택의 문제'라면 리더의 선택에 공감하고 그 뜻에 따르는 것이 바람직합니다. 나중에 자신이 리더의 자리에 오르면 자신의 뜻에 맞는 선택을 해서 일을 추진하면 됩니다.

공감을 잘하려면 상대방을 잘 이해해야 합니다. 상대방을 잘 이해하려면 입장을 바꾸어서 생각할 줄 알아야 합니다. 다시 말해 역지사지(易地思之)의 자세가 필요합니다. 그렇게 하면 상대방을 잘 이해하게 되어 공감하기가 쉬워집니다. 상대방과 입장을 바꾸어서 생각하고 행동하는 것이 인간관계에서 워낙 중요하기 때문에 이와 관련된 성경의 가르침을 '황금률'이라고 합니다.

> 남에게 대접을 받고자 하는 대로 너희도 남을 대접하라(눅 6:31).

내가 원하는 것은 남도 똑같이 원합니다. 황금률의 가르침을 늘 기억하고 실천하면 공감 능력은 저절로 배양될 것입니다. 항상 상대방 입장에서 생각하면 '즐거워하는 자들과 함께 즐거워하고 우는 자들과 함께 우는'(롬 12:15) 공감의 삶을 잘 살게 될 것입니다.

저는 기술 분야 임원으로, 본사에서 재무 출신의 CEO를 모시고 일한 적이 있었습니다. 본사에서 일하면 CEO께 보고할 일이 많이 생깁니다. CEO 보고를 준비할 때면 '전문 기술에 관한 내용을 어떻게 설명해야 비기술계 CEO께서 쉽게 이해할 수 있을까' 늘 고민했습니다. 보고서는 전문 용어를 최소한으로 사용하여 작성하고, 보고할 때는 에디슨이 얘기한 것처럼 '자기 할머니도 이해하도록' 쉽게 설명하고자 애를 썼습니다.

CEO 자리에 오른 분은 역시 보통 분이 아님을 자주 느꼈습니다. 그동안 별로 관심을 두지 않았던 낯선 전문 기술이라도 기술의 핵심이 무엇인지 파악하는 능력이 대단했습니다. 일단 본인이 기술의 핵심 내용을 이해하면 다른 자리에서 그 기술에 대해 자신의 의견까지 더하여 확신 있게 설명하시곤 하였습니다. 그럴 때마다 역지사지의 자세로 비기술계 CEO 입장에서 생각하고 행동한 저의 노력이 보상을 받는 것 같아 기분이 좋았습니다. 이런 저를 CEO께서 좋게 평가해 주셔서 R&D 분야 책임자로 승진할 수 있었던 것 같습니다. 상대방에 대한 공감은 조직의 발전뿐 아니라 개인의 성장에도 큰 영향을 미칩니다.

  사람에게는 공감이라는 고도의 정신 작용이 있습니다. 극히 짧은 시간이었지만 기차역에서 두 소년은 서로 공감하였습니다. 공감한 두 마음이 한데 어우러져 아름다운 하모니를 만들어 냈습니다. 공감하면 좋은 변화들이 만들어집니다. 상대방의 입장에서 생각하는 습관을 들일 때 공감 능력이 자라납니다. 공감 능력은 직장 생활을 승리로 이끌어 주는 귀중한 자산이 됩니다.

계산된 리스크 테이킹이 필요하다

얼마 전에 포항공대 김호길 초대 총장님의 30주기 추도식이 거행되었습니다. K 교수님은 추도사에서 김 총장님의 '계산된 리스크 테이킹'(Calculated Risk Taking)에 대해 소개했습니다. 김 총장님은 지방 신설 학교가 명문 대학이 되려면 개교 초기에 승부를 걸어야 한다고 판단하였습니다. 그래서 첫 입학생을 모집할 때 과감하게 승부수를 던지기로 결심하였습니다. '철저한 사전 준비와 냉철한 분석'을 바탕으로 엄청난 리스크 테이킹을 시도하였습니다.

총장님은 먼저 세계적인 석학들을 교수진으로 채용하였습니다. 그리고 입학생 전원을 장학생으로 하고, 모든 학생들에게 기숙사를 제공하는 등 파격적인 학생 지원 정책을 마련하였습니다. 여기에 더하여 전국의 우수 고등학교 학생들을 직접 학교로 데리고 와서 반짝반짝 빛나는 신축 캠퍼스를 둘러보게 하였습니다. 견학 온 학생들에게 이 학교가 꿈을 실현하기에 가장 좋은 곳임을 진정성 있게 설명해 주었습니다.

사전 준비를 마친 총장님은 1987년 첫 입학생 원서를 받을 때 상식적으로 이해하기 힘든 지원 자격을 제시하였습니다. 지방 신설 대학임에도 불구하고 당시 서울공대 합격자들의 점수와 유사한 '학력고사 280점 이상'인 학생만 지원 가능하다는 조건을 내건 것입니다. 개교 첫해를 학생 없이 보낼 수도 있는 대단히 위험한 시도였습니다.

3일간의 원서 접수가 시작되었습니다. 첫날은 단 한 명도 접수하지 않았습니다. 둘째 날 정오 무렵 처음으로 한 학생이 원서를 접수하였습니다. 그러나 그뿐이었습니다. 셋째 날 오전까지도 접수 창구는 한산하기만 했습니다. 대다수 교수님들과 대학 관계자들은 총장님의 무리한 리스크 테이킹에 새까맣게 속이 타들어 갔습니다.

반전은 셋째 날 오후에 일어났습니다. 서울대에 원서를 내라는 담임 선생님의 압박을 이겨 낸 학생들이 마지막 날 오후에 물밀듯 밀려들었습니다. 결과는 대성공이었습니다. 경쟁률은 2.18 대 1을 기록했고, 커트라인은 296.3점이었으며, 합격자 평균 점수는 300.6점이었습니다. 포항공대가 개교와 함께 한국 최고의 명문 대학으로 등극하는 순간이었습니다.

포항공대는 우수한 교수진, 파격적인 학생 지원, 타 대학을 압도하는 인프라 그리고 든든한 재단 등 성공 요인을 두루 갖추었으나 김호길 총장님의 리스크 테이킹이 명문 대학으로 자리매김하는 데 결정적 역할을 했습니다.

　이처럼 리스크 테이킹을 시도해서 성공하면 개인이나 조직은 한 단계 도약하게 됩니다. 하지만 실패하는 경우도 많습니다. 통계 자료는 찾지 못했지만 성공보다 실패 사례가 더 많을 것입니다. 한마디로 리스크 테이킹은 효과도 크고 위험 부담도 큽니다. 이와 같이 대박을 노리고 위험을 무릅쓰는 리스크 테이킹에 대해 크리스천 직장인은 어떤 태도를 가져야 할까요? 이 질문에 대한 답을 얻기 위하여 먼저 구약성경에 나오는 느헤미야의 사례를 살펴보고자 합니다.

　느헤미야는 크게 두 번의 리스크 테이킹을 합니다. 첫 번째는 예루살렘 성벽이 무너지고 성문이 불탔다는 소식을 들었을 때였습니다. 당시 느헤미야는 페르시아 왕의 술을 담당하는 관원으로 일하고 있었습니다. 충격적인 소식을 전해 들은 느헤미야는 '믿음'으로 리스크 테이킹을 합니다. 즉 죽음을 각오하고 왕에게 나아가 예루살렘으로 돌아가 성전을 수리하게 해 달라고 요청한 것입니다. 왕은 이를 좋게 여겨 허락해 줍니다.

　다음은 예루살렘으로 돌아와서 성벽 재건 공사를 하던 중 산발랏과 도비야의 집요한 방해와 공격을 받을 때입니다. 그는 이때도 죽음을 각오하고 이들과 맞서기로 결심합니다. 이 역시 성벽 중건을 완성해야 한다는 '믿음' 때문이었습니다. 그리고 믿음에 더하여 상황에 대한 '철저한 분석과 냉철한 판단'도 이런 결정에 한몫하였습니다. 그는 일과 전쟁을 병행하면 이들의 방해를 물리칠 수 있을 것이라고 판단하였습니다. 그래서 "건축하는 자는 각각 허리에 칼을 차고 건축하며 나팔 부는 자는 내 곁에 섰었느니라"(느 4:18)는 말씀처럼 몸에 칼을 찬 채로 성벽 재건을 하였습니다. 일꾼들의 수고는 배가되었지만 이 전략은 성공하였습니다. 느헤미야는 온갖 어려움을 극복하고 마침내 예루살렘 성벽을 중건하는 데 성공하였습니다.

느헤미야의 사례를 보면 크리스천 직장인도 필요가 있으면 리스크 테이킹을 해야 함을 알 수 있습니다. 먼저 개인 문제에 관련된 사적 사안이라면 믿음에 의지하여 리스크 테이킹을 할 수 있을 것입니다. 회사 일과 관계된 사안이라면 느헤미야의 두 번째 리스크 테이킹을 참고하여 '철저한 준비와 냉철한 판단'을 바탕으로 리스크 테이킹을 시도할 수 있다고 생각합니다. 이때도 우리는 기도의 끈을 놓아서는 안 됩니다. "사람이 마음으로 자기의 길을 계획할지라도 그 걸음을 인도하는 자는 여호와"(잠 16:9)이시기 때문입니다. 비록 철저한 준비와 냉철한 판단으로 리스크 테이킹을 결정하였더라도 결국 그 과정을 인도하시는 분은 하나님이심을 잊어서는 안 됩니다.

회사가 한 단계 발전하고 경쟁력을 높이려면 적절한 리스크 테이킹을 하지 않을 수 없습니다. 하지만 전제 조건이 필요하다고 생각합니다. 법에 어긋나거나 개인의 탐욕을 채우기 위한 리스크 테이킹은 철저히 배제되어야 합니다. 그리고 위험을 최소화하기 위해 '먼저 이길 수 있는 형세를 만든 뒤 싸움을 한다'는 선승구전(先勝求戰)의 조건을 반드시 갖추어야 합니다. 개인 일이 아니라 회사 일이므로 리스크 테이킹이 성공할 수 있도록 철저한 사전 준비와 냉철한 분석이 필수적입니다.

제가 포스코 기술연구원장으로 있을 때 시도했던 리스크 테이킹 사례 하나를 공유하고자 합니다. 기후 온난화 문제가 전 세계적 이슈로 부각되던 때였습니다. 모든 철강 회사들이 이산화탄소를 발생시키는 석탄 대신 무공해 원료인 수소를 이용하여 철을 제조하는 신기술 개발에 관심을 갖기 시작하였습니다. 우리는 전 세계 철강 회사 중에서 최초로 '수소 제철 기술'이라는 주제로 글로벌 포럼을 개최하면 좋겠다고 생각하였습니다. 포럼 주관사라는 이점을 잘만 활용하면 우리가 기술 개발의 주도권을 가질 수 있으리라 판단했기 때문입니다.

하지만 코로나 팬데믹이라는 커다란 장벽이 우리 앞에 버티고 서 있었습니다. 글로벌 포럼을 개최하려면 최소한 1년 전부터 준비해야 합니다. 따라서 1년 후 코로나 상황이 어떻게 될지 아무도 모르는 상태에서 국제 행사 준비는 무리라는 의견이 많았습니다. 그렇지만 우리 임직원들의 능력과 글로벌 감각을 고려하면 리스크 테이킹을 한번 해볼 만하다고 생각하였습니다.

포럼 준비 과정은 '불확실성과의 싸움'으로 많이 힘들었습니다. 코로나 상황이 어떻게 될지 몰라 해외 참석 예정자들이 현장 참석 결정을 내리지 못하였습니다. 우리는 이번 포럼을 수소 제철에 대한 글로벌 논의와 협력이 본격적으로 시작되는 계기로 만들기를 원했습니다. 따라서 해외 유력 인사들이 현장에 많이 참석하는 것이 무엇보다도 중요했습니다. 그렇지만 해외 참석 예정자들은 현장 참석을 계속 망설이고 있었습니다. 어떻게 해서든지 이들을 안심시켜 현장 참석을 결심하도록 만들어야 했습니다.

우리는 관계 기관과 협의하여 포럼 기간 중 코로나 집단 감염 등 비상 상황에 대한 대책을 철저히 세웠습니다. 그런 다음 해외 참가 예정자들에게 한국의 코로나 상황에 대한 정보를 수시로 제공하면서, 긴급 상황 발생 시 대응 계획도 상세히 안내하였습니다. 해외 참석 대상자들이 코로나에 대해 안심할 수 있도록 최선을 다하였습니다. 다행히 포럼 날짜가 가까워 오면서 현장 참석을 결심하는 참가자들이 늘어나기 시작하였습니다.

포럼은 'HyIS 2021'이라는 제목으로 2021년 10월에 서울에서 개최되었습니다. 팬데믹은 여전히 기세등등하였지만 세계철강협회 사무총장을 비롯한 주요 인사들이 코로나를 뚫고 서울로 모여들었습니다. 준비한 호텔 회의실 좌석이 부족할 정도로 많은 분들이 현장을 찾아 주었습니다. 현장에 오지 못한 분들은 온라인으로 참석했습니다. 회의실이 텅 빌지도 모른다는 걱정은 기우에 그쳤습니다. 그뿐만 아니라 대통령께서 포럼 개최를 축하하는 동영상 메시지를 보내주셔서 참가자들 모두 크게 고무되었습니다.

저는 포럼 호스트의 자격으로 'HyREX'라 명명한 우리의 수소 제철 기술을 발표하였습니다. 이 발표를 통해 포스코 기술이 우수하다는 것을 전 세계 관련자들에게 알릴 수 있었습니다. 계획대로 포럼에서 수소 제철 기술에 대한 글로벌 논의와 협력이 본격적으로 이루어지기 시작했습니다. 자연스럽게 포럼 개최 회사인 포스코가 중심에 서게 되었습니다. 우리는 코로나 팬데믹 속에서 시도한 리스크 테이킹을 통해 새로운 제철 기술 개발을 주도할 수 있는 계기를 만들 수 있었습니다.

배는 항구에 있을 때 안전하지만 그것이 배가 지어진 이유는 아니라는 말이 있습니다. 직장 생활을 하다 보면 지나치게 몸을 사리면서 소극적으로 일하는 사람들을 종종 봅니다. 상당수 사람들이 안전한 항구에만 머물려고 합니다. 하지만 파도를 헤치고 위험해 보이는 바다로 나가야 합니다. 펄쩍펄쩍 뛰는 물고기를 한가득 싣고 돌아오려면 파도를 겁내지 말고 바다로 나가야 합니다.

이순신 장군께서 열두 척의 배를 이끌고 바닷물이 소용돌이치는 울돌목으로 나가지 않았다면 지금의 대한민국은 없을지도 모릅니다. 위험을 감수하지 않으면 개인이나 조직이 크게 도약할 수 없습니다. 필요하다고 판단되면 철저한 준비와 냉철한 판단을 바탕으로, 하나님의 도우심을 기도하면서, 과감하게 리스크 테이킹을 해야 합니다.

히말라야 토끼의
착각에 빠지지 말라

　에피소드 하나. 모 회사에 근무했던 학교 동기에게서 들은 코미디 같은 얘기입니다. 동기가 다니는 회사에 근무하는 A 연구원은 회장님께 보고를 마친 후 곧장 인사팀장을 찾아 갔습니다. "방금 회장님께 보고드리고 나오는 길인데 회장님께서 나보고 유학 가라고 말씀하셨어요." 몇 개월 뒤 A 연구원은 미국행 비행기에 몸을 싣고 유학길에 올랐습니다. 아마도 비행기 안에서 지난 일을 생각하며 혼자서 씨~익 웃었을 것 같습니다.

　A 연구원은 국내 모 대학에서 석사 학위를 받고 입사하여 연구소에 근무하면서 미국 유학을 준비하고 있었습니다. 영어 공부를 포함하여 유학 준비는 어느 정도 되었는데 좀처럼 유학 기회를 잡을 수가 없었습니다. 그러던 차에 회장님께 단독으로 보고할 일이 생겼습

니다. 보고 준비가 부족했던지 보고를 받은 회장님께서 화난 목소리로 "이 친구야, 공부 좀 더 해라!"라고 책망하셨습니다. 유학 기회를 찾던 머리 좋은(?) A 연구원은 그 길로 바로 인사팀장을 찾아갔던 것입니다.

당시가 1980년대 중반이었는데 그때까지만 해도 우리 사회는 권위주의가 팽배했습니다. 비록 A 연구원이 하는 말의 진위에 의심이 가더라도 인사팀장이 감히 회장님을 찾아가서 "A 연구원에게 유학 가라고 말씀하신 것이 사실입니까?"라고 확인하기가 힘들었던 시절이었습니다. 회장님은 책망하는 의미로 공부를 좀 더 하라고 했는데, 그 연구원은 인사 부서에서 직접 확인하기가 어려울 것으로 판단하고 회장님의 말씀을 살짝 비틀어 '회장님이 나에게 유학 가라 했다'고 인사팀장에게 말한 것입니다. 동기에게서 들은 이 이야기가 사실인지 아닌지 알 수 없지만 과거 권위주의 시절의 일그러진 우리 사회 모습을 잘 보여 주는 것 같습니다.

에피소드 둘. 지인에게서 들은 어느 회사의 간 큰 사장 비서에 대한 얘기입니다. 어느 날 법인 카드 정산을 담당하는 직원이 사장님의 법인 카드 사용 내역을 보고 상당히 의아했습니다. 팀장에게 가서 "사장님께서 이번 달에 법인 카드로 냉장고와 TV를 사셨습니다. 총무팀에 시키면 될 텐데 왜 직접 사셨는지 잘 모르겠습니다"라고 보고했습니다. 팀장도 잘 이해가 되지 않았지만 감히 사장님께 여쭤볼 수가 없어서 그냥 지나갔습니다.

몇 년 뒤 감사에서 진상이 밝혀졌습니다. 결혼을 앞둔 사장 비서가 사장님 법인 카드를 이용하여 자신의 결혼 혼수품을 장만했던 것이었습니다. 통상 기업 고위 임원이 되면 법인 카드 두 장이 지급됩니다. 이 중 하나는 간담회 준비 등 소소한 일을 처리하기 위해 비서가 관리하는 경우가 많습니다. 대담하고 영리한(?) 여비서가 사장님 카드 사용 내역을 담당 직원이 감히 확인하지 못할 것이라 판단하고 이런 황당한 일을 저지른 것입니다. 이 사건 역시 권위주의적 리더십 아래에서 발생한 어처구니없는 사건이라고 할 수 있겠습니다.

권위적인 리더는 많은 문제를 초래합니다. 앞에서 소개한 두 사례처럼 상하간 소통이 심각하게 단절됩니다. 아랫사람들의 좋은 의견이 채택되어 정책에 반영되기가 힘들어집니다. 거의 모든 일을 리더가 독단적으로 결정합니다. 이런 조직은 경쟁력을 쉽게 잃어버립니다. 권위만 내세우는 무능한 리더가 조직을 운영하면 그 조직은 쇠퇴할 수밖에 없습니다. 조직뿐 아니라 구성원들도 발전하지 못합니다. 리더와 부하 직원 모두에게 문제가 생깁니다.

어깨에 힘이 잔뜩 들어가 있는 권위적인 리더는 그 자리에 오래 있지 못합니다. 그런 리더들은 대부분 이런저런 좋지 않은 문제들을 야기하여 중도 하차하는 경우가 많습니다. 특히 갑질이나 성희롱 등으로 옷을 벗는 사례가 많은 것 같습니다. 어쩌다 운이 좋아서 더 높은 자리에 올라가도 대부분 길게 가지 못합니다.

한편 권위적인 리더 밑에서 일하는 부하 직원들은 운이 없는 사람들이라고 할 수 있습니다. 권위적인 리더 밑에서는 자율권이 없어서 주체적으로 일할 기회를 갖지 못합니다. 시키는 일만 수동적으로 하다 보니 성장할 수가 없습니다. 어떤 문제에 부딪히면 스스로 해결하는 경험을 통해서 능력이 신장되는데 그럴 기회를 갖지 못합니다. 이런 리더 밑에서 일하는 직원들은 아부 근성과 눈치만 발달하게 됩니다. 이런 사람들은 나중에 리더가 되더라도 소신을 가지고 큰일을 추진해 나가기가 어렵습니다. 권위적인 리더는 자신뿐 아니라 부하 직원들도 망칩니다.

성경에서도 크리스천의 덕목으로 겸손을 사랑과 함께 가장 강조하고 있습니다. 특히 리더는 권위의식을 버리고 겸손해야 함을 신구약 전체에서 거듭해서 말하고 있습니다.

> 사무엘이 이르되 왕이 스스로 작게 여길 그때에 이스라엘 지파의 머리가 되지 아니하셨나이까(삼상 15:17상).

이스라엘 초대 왕인 사울은 겸손한 사람이었습니다. 그는 "이스라엘 자손 중에 더 준수한 자가 없고 키는 모든 백성보다 어깨 위만큼 더 큰 자"(삼상 9:2)였으나 전혀 교만하지 않았습니다. 사울이 사무엘을 처음 만났을 때 "나는 이스라엘 지파의 가장 작은 지파 베냐민 사람이 아니니이까 또 나의 가족은 베냐민 지파 모든 가족 중에 가장 미약하지 아니하나이까"(삼상 9:21)라고 하면서 자신을 낮추며 겸손한 모습을 보였습니다. 하나님께서는 사울의 능력뿐 아니라 이런 겸손함을 좋게 보시고 그를 이스라엘 초대 왕으로 삼으셨습니다.

하지만 그는 왕이 되어 권력을 손에 쥐게 되자 겸손을 헌신짝처럼 벗어던지고 교만한 정치인으로 바뀝니다. 그는 백성들의 마음을 얻어 자신의 입지를 강화하려는 정치적 목적으로, 하나님의 명령을 어기고 제사장만이 드릴 수 있는 번제를 직접 드리는 망령되고 교만한 행동을 하였습니다. 겸손을 내팽개친 그는 결국 하나님으로부터 버림받게 됩니다.

리더가 되어 높은 자리에 올라갈수록 사람들은 왜 겸손에서 떠나 교만해지는 걸까요? 자기도취에 빠져 자신의 모습을 있는 그대로 보지 못해서 그렇지 않을까 생각합니다. '히말라야 높은 설산에 사는 토끼가 가장 조심해야 할 것은 추운 날씨로 인한 동상이 아니라 자기가 산 아래 사는 코끼리보다 더 크다고 착각하는 것이다'라는 말이 있습니다(신영복, 《처음처럼》, 돌베개, 2016). 높은 설산 위에서 내려다보니 산 아래에 사는 코끼리가 조그맣게 보입니다. 어리석은 토끼는 자기가 코끼리보다 더 큰 줄 착각합니다. 이렇게 되면 토끼는 교만해집니다. 코끼리가 자기보다 작은 줄 알고 무시합니다. 착각도 이런 착각이 없습니다.

사람들도 설산의 토끼와 다르지 않은 것 같습니다. 나는 여전히 같은 사람인데 지위가 올라감에 따라 '대단한 사람'이 된 것처럼 착각합니다. 저절로 어깨에 힘이 들어가고 다른 사람을 대하는 태도가 달라집니다.

크리스천 직장인은 높은 설산으로 올라가더라도 자신의 본 모습을 잊어서는 안 됩니다. 자신이 코끼리보다 더 크다고 착각해서는 안 됩니다. 리더가 되어도 권위주의의 옷을 입어서는 안 됩니다. 그

옷을 입는 순간 자신과 부하 직원 그리고 조직에 여러 해악을 끼치게 됩니다. 우리는 평생토록 주님과 동행하는 자들입니다. 우리가 의지하고 따라가는 주님께서 먼저 겸손의 본을 보이셨습니다. 그분을 따라가는 우리도 당연히 그분을 본받아 겸손해야 합니다.

> 너희 안에 이 마음을 품으라 곧 그리스도 예수의 마음이니 그는 근본 하나님의 본체시나 하나님과 동등됨을 취할 것으로 여기지 아니하시고 오히려 자기를 비워 종의 형체를 가지사 사람들과 같이 되셨고 사람의 모양으로 나타나사 자기를 낮추시고 죽기까지 복종하셨으니 곧 십자가에 죽으심이라(빌 2:5-8).

자신을 겸손하게 낮춘다고 해서 남들이 나를 무시하지 않습니다. 도리어 높이 평가합니다. 하나님께서는 겸손한 자를 좋아하십니다. 우리가 겸손할 때 하나님께서 우리를 높여 주실 것입니다. 우리 크리스천은 하나님의 은혜로 직장에서 리더의 위치에 오르더라도 성경 말씀대로 항상 '스스로를 작게 여기며' 겸손하게 처신해야 합니다. 그럴 때 하나님께서 우리를 더 크게 사용하실 것입니다.

2부

천천히 부자 되기

크리스천의 주식 투자는 드러내 놓고 얘기하기가 조심스러운 주제입니다. 이 순간에도 전 세계의 수많은 사람들이 주식 투자를 하고 있지만 크리스천들에게 주식 투자는 그렇게 편하지가 않습니다. 많은 크리스천들이 주식 투자를 할 때 마음에 부담감을 느낍니다. 심한 경우 죄의식까지 느낍니다. 크리스천에게 주식 투자는 딜레마입니다. 자본주의 세상에 살면서 주식 투자를 안 하자니 엄청난 기회 손실을 보는 것 같고, 막상 주식 투자를 하자니 일만 악의 뿌리인 돈(딤전 6:10)에 집착하는 것 같아 마음이 편하지 않습니다.

성경 말씀과 전문가 목사님의 의견 그리고 저의 경험을 통해 이러한 딜레마에서 벗어날 수 있는 방안을 제시하고자 합니다. 제가 생각하기에 돈에 대한 집착이나 죄에 빠지지 않고 주식 투자를 통해 경제적 자유에 이르는 방법이 분명히 있습니다. 욕심은 내려놓고 대신 끈기를 붙잡으면 누구나 할 수 있는 방법입니다.

성경 말씀은 "속히 부하고자 하는 자는 형벌을 면하지 못하리라"(잠 28:20)라고 합니다. 욕심을 내어 빨리 돈을 벌려고 하는 것은 위험합니다. 형벌을 당할 수 있습니다. 여기서는 크리스천이 돈에 얽매이지 않고 천천히 그러나 확실하게 부자가 되는 방법에 대해 설명드리고자 합니다. 말씀드린 것처럼 과도한 욕심만 내려놓으면 누구나 할 수 있는 방법입니다. 저 스스로 이를 실천하면서 확신을 가지게 되었습니다. 또한 제 강연을 듣고 공감하여 제가 제안하는 방법대로 실행하는 사람들이 늘어나면서 확신이 점점 굳어지고 있습니다.

부자에 대한 인식 변화

한평생 시골에서 살다가 돌아가신 어머니는 배 나온 중년 남자들을 부러워했습니다. 당신의 아들도 커서 그렇게 되기를 원하셨습니다. 가난했던 그 시절에 부자들은 대부분 배가 나왔기 때문입니다. 저희 어머니를 포함하여 모든 동네 사람들이 배 나온 부자들을 부러워했습니다. 하지만 아무도 부자를 존경하지는 않았습니다. 모두들 뒤에서 부자들을 흉보며 쑥덕거렸습니다.

사람들은 왜 부자를 긍정적인 시각으로 바라보지 않을까요? 과거에는 유교와 불교의 영향이 크지 않았나 생각됩니다. 사농공상(士農工商)이라는 말에서 알 수 있듯이 예로부터 유교는 돈 버는 일을 천하게 여겼습니다. 불교 역시 무소유에 가치를 두기 때문에 물질을 중시하지 않았습니다. 이런 연유로 글을 읽는 가난한 선비는 존경하면서도 돈 많은 부자는 존경하지 않았습니다.

부자를 좋게 보지 않는 또 다른 이유로 '부의 축적 과정에 대한 불신'을 들 수 있을 것 같습니다. 잘 아시다시피 우리나라의 산업화는 전 세계에 유례가 없을 정도로 빠르게 이루어졌습니다. 산업화에 따른 경제 성장으로 부자들이 대거 생겨나기 시작했습니다. 하지만 급격한 경제 성장에 걸맞은 투명한 사회 시스템은 제대로 갖추어지지 못했습니다. 대다수 사람들은 성실하게 땀을 흘려 돈을 벌었지만 일부는 미비한 사회 시스템을 악용하여 땅 투기나 아파트 불법 전매 등 불법, 탈법으로 돈을 벌었습니다. 이들 소수가 부자에 대한 이미지를 크게 훼손했습니다. 이들로 인해 사람들은 대다수 부자들을 부정적으로 바라봅니다. 졸부(猝富)라고 부르며 평가절하합니다.

하지만 그동안 우리 사회는 엄청나게 변했습니다. 산업화에 이어 민주화까지 성공적으로 이루어졌습니다. 사회 시스템이 투명해졌습니다. 불법이나 탈법으로 물을 흐리던 사람들이 더 이상 발붙일 곳이 없어졌습니다. 거의 모든 사람들이 법을 어기지 않고 성실하게 땀을 흘리면서 부를 쌓고 있습니다. 이러한 변화는 부자에 대한 사람들의 부정적 평가도 많이 바꾸어 놓았습니다. 제 경험을 바탕으로 우리 사회의 놀라운 변화들을 한번 살펴보고자 합니다.

저는 1980년대 후반에 포항 남구에 위치한 회사 주택 단지 안에 있는 아파트에서 생활했습니다. 당시는 고층 아파트가 없었고 모두 계단으로 오르내리는 5층짜리 아파트였습니다. 제가 살았던 아파트는 연탄 아궁이가 있는 13평짜리였습니다. 주택 단지에서 가장 소형이었습니다. 작은 아파트라 가격이 저렴했던 것으로 기억됩니다. 새마을운동의 영향인지 아파트 이름이 '인화'였습니다. 가족 간의 인화, 이웃과의 인화가 중요하다고 생각했던 모양입니다. 이 아파트보다 평수가 조금 더 넓은 아파트 이름은 '승리'였습니다. 당시는 공장 건설도 전투처럼 했고, 조업도 전투처럼 할 때였습니다. 전투에서는 승리해야 합니다. 아마도 그런 의지를 담아서 붙인 이름인 것 같습니다. 그다음 넓은 아파트 이름은 '화목'이었습니다. '인화'와 비슷한 의미이지만 좀 더 고상한 이름 같습니다. 아이러니하게 당시 화목아파트에는 부부 싸움으로 소문난 직원이 살고 있었습니다. 이런 일이 일어날 것을 미리 예상하고 화목하게 살라고 아파트 이름을 그렇게 짓지 않았나 생각됩니다. 주택 단지 내 가장 넓은 아파트는 26평짜리였습니다. 중앙난방식으로 연탄 아궁이 같은 것은 없었습니다. 이 아파트는 위상에 걸맞은 이름을 가지고 있었습니다. 그 이름은 바로 '낙원'이었습니다.

연탄을 때는 13평 아파트에 살고 있던 제게 낙원아파트는 말 그대로 낙원처럼 보였습니다. 저런 아파트에서 한번 살아 보는 것이 꿈이었습니다. 도저히 실현될 것 같지 않았습니다. 하지만 꿈이 현실이 되는 데 그리 오랜 시간이 걸리지 않았습니다. 근무하는 회사가 엄청나게 빠른 속도로 성장했고 그 과실이 직원들에게도 충분히 돌아갔기 때문입니다.

90년대 중반에 저는 낙원아파트보다 더 넓은 고층 아파트로 이사 갈 수 있었습니다. 우리나라 60대들 상당수에게서 이와 유사한 얘기를 쉽게 들을 수 있으리라 생각합니다. 국가적으로 산업화, 민주화에 성공하면서 땀 흘려 일하면 누구나 넉넉하게 생활할 수 있게 되었습니다. 편법이나 불법을 저지르지 않고도 생활하기에 부족함이 없는 부를 쌓을 수 있었습니다. 운 좋게 산업화의 혜택을 누리게 된 우리 세대는 부모님 세대와 비교하면 모두들 엄청난 부자가 되었습니다.

이렇듯 산업화와 민주화라는 커다란 변화를 거치면서 많은 사람들이 과거에 비해 경제적으로 넉넉한 삶을 살게 되었습니다. 중산층도 많이 생겨났습니다. 그뿐만 아니라 부를 쌓는 과정도 공정하고 깨끗하게 바뀌었습니다. 사회적 감시 시스템이 잘 갖춰진 투명한 사회가 되었기 때문입니다. 이로 말미암아 부자들을 보는 시각도 많이 달라졌습니다. 과거처럼 사람들이 부자들을 더 이상 부정적으로 보지 않습니다. 필명이 세이노라는 분에 대한 독자들의 반응에서 이런 변화된 시각을 잘 볼 수 있습니다.

맨 주먹으로 시작해서 천억 대의 자산가가 된 세이노가 쓴 《세이노의 가르침》이라는 책이 오랫동안 베스트셀러 자리를 유지하고 있습니다. 저자의 경험과 가르침이 많은 사람들에게 공감을 불러일으킵니다. 저자는 아버지가 돌아가신 후, 가마니가 문 가리개 역할을 하는 재래식 변소를 주인집 식구들과 같이 사용하며 살았습니다. 일곱 식구가 단칸 월세방에서 기거하였습니다. 극심한 가난과 좌절로 몇 번의 자살을 시도했지만 모두 실패했습니다. 그때 면도칼로 그는 손목에서 흐르는 붉은 피를 보면서 '피보다 진하게 살자'고 결심했다 합니다. 그후 저자는 남의 집 차고에서 살면서 온갖 아르바이트를 하며 돈을 모았습니다. 말 그대로 피보다 진하게 살았습니다. 그 결과 지금과 같은 큰 부자가 되었습니다. '피보다 진하게' 살면서 부를 쌓은 저자의 진솔한 얘기 때문에 독자들이 이 책에 빠져드는 것 같습니다(세이노, 《세이노의 가르침》, 데이원, 2023).

세이노라는 자산가에 대한 독자들의 평가는 대단히 긍정적입니다. 이분이 출연한 CBS 인터뷰 영상에는 수천 개의 댓글이 달렸는데 대다수가 감사와 존경을 표하고 있습니다. 부자에 대한 사람들의 시각이 급격히 달라졌음을 잘 볼 수 있습니다. 부자들을 더 이상 부정적인 시각으로 보지 않습니다 오히려 정당한 방법으로 재산을 쌓은 부자들을 존경의 시선으로 바라보고, 또 자신들도 그와 같이 되기를 원합니다.

우리는 예로부터 부정을 저지르지 않고 깨끗하게 생활하여 가난하게 된 것을 청빈(淸貧)이라고 하며 숭상하여 왔습니다. 사회 시스템이 투명하지 않은 가난한 시절에는 청빈이 존경할 만한 모습이었습니다. 그 시절에 부자가 된다는 것은 부잣집에 태어나지 않은 이상 부를 축적하는 과정이 깨끗하지 않았을 개연성이 상당하기 때문입니다. 이런 사회 환경에서 부자는 욕을 먹고 청빈하게 사는 사람들은 칭찬받는 것이 자연스러운 것 같습니다.

하지만 요즘 시대에 청빈은 더 이상 미덕이 되기 어렵습니다. 어떻게 해서 가난하게 살게 되었는지 살펴보지 않고 빈자들을 무조건 긍정의 눈으로 바라보는 것은 바람직하지 않다고 생각합니다. 우리는 지금 부자 나라에 살고 있습니다. 그리고 시스템이 투명한 선진 사회에 살고 있습니다. 부지런히 일하면 가난한 상태에 머물러 있기가 오히려 어려운 시대가 되었습니다. 많은 사람들이 깨끗한 부자가 되었습니다. 불법이나 편법으로 부자가 된 졸부는 찾기가 쉽지 않습니다. 지금은 투명한 사회 시스템 아래에서 정직하게 부를 쌓은 깨끗한 부자가 대세라 할 수 있겠습니다.

그뿐만 아니라 부자에 대한 시각도 많이 바뀌었습니다. 부를 쌓은 사람들을 긍정적으로 바라봅니다. 롤 모델이 될 만한 자수성가한 부자들을 존경의 눈으로 바라봅니다.

하지만 크리스천들은 아직 그렇지 못한 것 같습니다. 부자를 바라보는 세상 사람들의 시각은 많이 바뀌었지만 크리스천들은 여전히 돈이나 부자를 긍정적으로 바라보지 않습니다. 크리스천들 중에는 여전히 청빈을 가치 있게 생각하는 사람들이 많은 것 같습니다.

수년 전에 김동호 목사님께서 돈과 부자에 대한 성경적 가르침을 중심으로 《깨끗한 부자》라는 책을 썼는데 이 책이 한국 기독교계에서 큰 이슈가 되었다는 얘기를 들었습니다. '크리스천도 하나님의 방식과 법대로 돈을 벌어 부자가 되어야 한다'는 요지의 내용이었는데 상당수 크리스천이 책 내용에 대해 불편해 하였다는 얘기를 들은 적이 있습니다. 크리스천들이 이런 생각에 머물러 있는 이유가 있습니다. 돈을 많이 벌어 부자가 되면 영적으로 위험에 빠질 수 있다고 생각하기 때문입니다. 나사로를 돌아보지 않고 자기 배만 채운 부자처럼 하나님 나라에 들어가지 못할 수도 있다고 생각하는 것 같습니다. 이렇듯 대다수 크리스천들은 재물이 많으면 믿음에서 떠나 위험에 빠질 수 있다고 염려합니다.

크리스천들의 이런 생각이 과연 올바른 것일까요? 돈과 부에 대한 크리스천들의 생각을 바꿀 필요는 없을까요? 이어지는 글에서 크리스천의 입장에서 '돈과 부자'를 어떻게 바라보아야 하는지 얘기하고자 합니다.

돈과 부자에 대한
성경의 가르침

앞에서 얘기한 대로 세상이 많이 바뀌었습니다. 부지런히 일하면 어느 정도 부를 쌓는 것은 그리 어렵지 않은 세상이 되었습니다. 그뿐만 아니라 부자들에 대한 사람들의 생각도 많이 바뀌었습니다. 사람들은 더 이상 부자들을 부정적으로 보지 않습니다. 오히려 존경하기까지 합니다.

그런데 크리스천들은 그렇지 못한 것 같습니다. 세상이 바뀌어도 여전히 돈과 부자에 대해 긍정적이지 않습니다. 크리스천들끼리 모인 자리에서 돈 얘기 하기가 쉽지 않습니다. 재산이 많은 크리스천도 돈과 부자에 대해 얘기할 때 긍정적으로 말하지 않습니다. 땅의 것에 관심이 많은, 믿음이 적은 사람으로 평가받을 수 있기 때문입니다. 이렇듯 크리스천들은 돈과 부자를 가까이하기에는 '불편한' 그 무엇이라고 생각하고 있습니다.

왜 이런 태도를 취할까요? 돈과 부자에 대한 성경의 강력한 경고 말씀 때문인 것 같습니다. 저를 포함한 대다수 크리스천들은 "돈을 사랑함이 일만 악의 뿌리"(딤전 6:10)라는 말씀과 "약대가 바늘귀로 들어가는 것이 부자가 하나님의 나라에 들어가는 것보다 쉽다"는 말씀을 기억하고 있습니다(눅 18:25). 성경은 돈으로 인해 일만 가지 죄악에 빠질 수 있고, 또 돈이 많은 부자는 천국에 들어가기 어렵다고 말합니다. 두려움이 느껴지는 말씀입니다. 성경은 돈과 부자에 대해 좋게 보지 않는 것 같습니다. 이런 성경 말씀들로 인해 많은 크리스천들이 돈을 긍정적으로 보지 않습니다. 심지어 터부시하는 크리스천도 있습니다.

크리스천들이 돈과 부자에 대해 이와 같이 부정적 입장을 취하는 것이 과연 합당한지, 다시 말해 성경의 가르침과 정말로 일치하는지 재고해 보았으면 합니다.

성경 말씀을 '숲과 나무'라는 두 가지 관점으로 살펴보고자 합니다. 먼저 돈과 부자에 대한 성경의 '전체적인' 가르침을 살펴보고, 그 다음 돈과 부자에 직접 관련된 성경 구절을 '자세히' 살펴보도록 하겠습니다. 목회자나 신학자가 아닌 비전문가의 시각에서 성경을 오독하지 않기 위하여 전문가의 의견도 참고하였습니다.

먼저 '숲의 관점'으로 성경 전체를 보면, 돈과 부자에 대해 부정적 내용만 있는 것이 아닙니다. 성경에는 앞에서 말한 것처럼 돈과 부자에 대해 강력하게 경고하는 내용도 있지만, 돈과 부자에 대해 긍정적으로 보는 내용도 많이 있습니다.

돈과 부자에 대해 긍정적으로 보는 내용으로는 믿음 좋은 부자들에 대한 구약성경의 기록들을 꼽을 수 있습니다. 믿음의 조상 아브라함, 그의 후손 이삭, 야곱은 모두 부자였습니다. 순전하고 정직하여 하나님을 경외하며 악에서 떠난 자로 기록되어 있는 욥도 엄청난 부자였습니다. 믿음 좋은 요셉, 다윗, 다니엘 모두 부자의 반열에 올릴 수 있는 사람들입니다. 또한 하나님께서는 애굽에서 종살이하던 이스라엘 민족을 가나안 땅으로 인도하시면서 여러 차례 가나안을 '젖과 꿀이 흐르는 땅'이라 말씀하셨습니다. 이 말씀을 보면 하나님은 이스라엘 민족이 비옥한 땅에서 '풍요롭게' 살기를 원하시는 것 같습니다.

이처럼 성경을 '전체적으로' 조망해 보면 돈과 부자에 대한 부정적인 내용만 있는 것이 아니라 긍정적인 내용도 많습니다. 이 점을 간과하지 말아야 할 것 같습니다.

다음으로 '나무의 관점'으로 '돈'과 '부자'에 관한 주요 성경 구절을 좀 더 자세히 살펴보도록 하겠습니다. 먼저 '돈'에 관한 성경 구절입니다. 앞에서도 언급한 디모데전서 말씀입니다.

> 돈을 사랑함이 일만 악의 뿌리가 되나니 이것을 탐내는 자들은 미혹을 받아 믿음에서 떠나 많은 근심으로써 자기를 찔렀도다
> (딤전 6:10).

이 구절을 얼핏 보면 돈이 일만 악의 뿌리인 것 같습니다. 따라서 죄에 빠지지 않기 위해서 의도적으로 돈을 멀리해야 될 것 같습니다. 하지만 이 성경 구절을 자세히 살펴보면 '돈' 자체보다는 '돈을 사랑함'이라는, 돈에 대한 마음과 태도에 방점이 있음을 발견할 수 있습니다. 자세히 보지 않으면 이 점을 그냥 지나칠 수도 있을 것 같습니다.

이 성경 구절에 대한 전문가의 해석을 살펴보고자 합니다. 김동호 목사님은 자신의 책 《깨끗한 부자》에서 다음과 같이 정리하였습니다.

> 이것은 돈을 사랑하는 것이 일만 악의 뿌리가 된다는 말씀이지 돈 자체가 일만 악의 뿌리가 된다는 말씀은 아니다. 이 점을 잘 구별하지 못하면 참으로 엉뚱한 결론에 이르게 된다. 그중 하나가 바로 돈을 무조건 죄악시하는 금욕주의다. 그러나 이것은 잘못된 생각이다(김동호, 《깨끗한 부자》, 규장, 2023, 43쪽).

김동호 목사님은 디모데전서의 말씀에 대해 돈을 '사랑하는 것'이 일만 악의 뿌리가 된다는 말씀이지 '돈 자체'가 일만 악의 뿌리가 된다는 말씀은 아니라고 하면서, 이 점을 잘 구별하지 못하면 참으로 '엉뚱한' 결론에 이르게 된다고 했습니다. 어쩌면 많은 크리스천들이 이 구절을 잘못 이해하여 돈에 대해 '엉뚱한' 생각을 하고 있는지 모르겠습니다. 이 성경 구절은 분명히 '돈'이 문제가 아니라 '돈을 사랑함'이 문제라고 말하고 있습니다.

'돈'에 대한 성경 구절에 이어 '부자'에 대한 성경 구절도 좀 더 자세히 볼 필요가 있을 것 같습니다. 앞에서 "부자가 하늘 나라에 들어가기가 지극히 어렵다"는 성경 구절(눅 18:25)을 언급했습니다. 이 구절만 보면 부자는 단지 부자라는 이유로 천국에 들어가기 힘든 것으로 이해됩니다. 그런데 아래 성경 구절과 함께 보면 강조점이 '부자' 자체에 있지 않음을 알 수 있습니다.

> 예수께서 이르시되 네가 온전하고자 할진대 가서 네 소유를 팔아 가난한 자들을 주라 그리하면 하늘에서 보화가 네게 있으리라 그리고 와서 나를 따르라 하시니 그 청년이 재물이 많으므로 이 말씀을 듣고 근심하며 가니라(마 19:21-22).

어떤 부자 청년이 예수님을 따르기 위해 찾아왔다가, 네 소유를 팔아 가난한 자들에게 주고 나를 따르라는 예수님의 말씀을 듣고 근심이 되어 되돌아갔다는 내용입니다. 이 구절을 앞에서 언급한 "부자가 하늘 나라에 들어가기 어렵다"는 구절과 연결시켜 보면, 청년 부자가 하늘 나라에 들어가기가 어려운 것은 단순히 '부자'이기 때문이 아니라 '소유를 팔아 가난한 자들에게 주지 않기' 때문이라는 것을 알 수 있습니다. 하나님은 '부자' 자체를 부정적으로 보는 것이 아니라, 부자가 '가진 돈을 하나님 뜻에 맞게 쓰지 않는 것'을 부정적으로 봅니다.

성경 구절을 '나무의 관점'으로 자세히 보면 '돈'과 '돈을 사랑함' 그리고 '부자'와 '부자가 돈을 하나님 뜻대로 쓰지 않는 것'을 서로 구분해서 말하고 있음을 알 수 있습니다. '돈'과 '부자'는 그 자체로 선도 아니요 악도 아닙니다. 성경은 이것들에 대해 긍정적이나 부정적으로 보지 않습니다. 하지만 성경은 돈 자체가 아니라 '돈을 사랑함'을 부정적으로 봅니다. 또한 부자 자체가 아니라 '부자가 가진 돈을 하나님 뜻대로 쓰지 않는 것'을 부정적으로 봅니다. 성경은 이와 같이 두 가지로 구분해서 말하고 있는데 사람들이 성경을 볼 때 이 둘을 명확하게 구분하지 않아 돈과 부자에 대해 오해하는 것 같습니다.

결론적으로 성경을 거시적 관점과 미시적 관점으로 종합적으로 살펴보았을 때, 성경은 돈과 부자에 대해 부정적으로도 보지 않고 긍정적으로도 보지 않습니다. 따라서 크리스천이 돈과 부자에 대해 막연히 부정적으로 보는 것은 성경의 가르침과 일치하지 않는다고 할 수 있습니다.

김동호 목사님도 돈과 부자에 대해 부정적으로 보지 않아야 한다고 얘기합니다.

> 돈은 선도 아니고 악도 아니다. 복도 아니고 화도 아니다. (중략) 정직하게 벌고 하나님의 뜻대로 바로 쓰면 돈은 선이 되고 복이 된다. 그러나 정직하게 벌지 않고 하나님의 뜻대로 쓰지 않으면 악이 되고 화가 된다(김동호, 《깨끗한 부자》, 규장, 2023, 43쪽).

마찬가지로 기독교에서 부함은 죄도 아니고 부끄러움도 아니다. 부끄럽고 죄스러운 부(富)가 없지 않지만, 무조건 모든 부가 다 부끄럽고 죄스러운 것은 아니며 부 자체가 부끄럽고 죄스러운 것은 더더욱 아니라는 점을 분명히 알아야 한다(김동호,《깨끗한 부자》, 규장, 2023, 183쪽).

김동호 목사님은 여기서 한 걸음 더 나아가 크리스천은 하나님의 방식과 법대로 돈을 열심히 벌어 부자가 되어야 한다고 했습니다.

그러므로 돈은 하나님의 방식과 법(法)대로만 벌어야 한다. 하나님의 방식과 법대로 번 돈이라야 하나님이 주시는 돈이 된다. 수단과 방법을 가리지 않고 번 돈은 하나님께 비롯된 돈이 아니며, 복이 아니라 화가 된다. (중략) 하나님의 방식과 법대로 돈을 벌어도 그것을 하나님의 뜻대로 쓰지 않으면 그 돈은 하나님과 상관없는 돈이 되고 만다. 하나님의 방식과 법대로 버는 일도 중요하지만 하나님의 뜻대로 쓰는 일은 더 중요하다. (중략) 하나님을 잘 믿는 사람은 소명감을 가지고 열심히 돈을 벌어야 한다. 부자가 되어야 한다. 그리고 하나님이 은사로 주신 물질을 선한 청지기처럼 잘 사용하여 세상에 돈이 잘 돌도록 해야 한다(김동호,《깨끗한 부자》, 규장, 2023, 30~35쪽).

지금까지 돈과 부자에 대한 우리 크리스천들의 생각이 성경의 가르침과 정확히 일치하는지 살펴보았습니다. 성경은 돈과 부자에 대해 부정적으로 보지도 않고 긍정적으로 보지도 않습니다. 따라서 크리스천이 돈에 대한 '사랑함'을 내려놓은 상태에서 정직하게 돈을 벌고 또 번 돈을 하나님의 뜻에 맞게 사용한다면, 돈을 벌어 부자가 되는 것에 대해 부정적으로 생각할 필요가 없습니다. 개인적으로 특별한 사정이 있어서 청빈에 머무르는 것은 어쩔 수 없지만, 그렇지 않다면 크리스천이 정직하고 깨끗한 방법으로 돈을 벌어 경제적 자유에 이르는 것에 대해 부담을 가질 필요가 없다고 생각합니다.

본질과 비본질을
혼동하지 말아야 한다

　앞에서 말씀드린 대로 성경은 돈과 부자에 대해 부정적으로 보지도 않고 긍정적으로 보지도 않습니다. 그러므로 크리스천이 돈에 대한 '사랑함'을 내려놓은 상태에서 정직하게 돈을 벌고 또 번 돈을 하나님의 뜻에 맞게 사용한다면, 돈을 벌어 부자가 되는 것에 대해 부정적으로 생각할 필요가 없습니다.
　일반적으로 크리스천 직장인들은 회사에서 일을 하고 그 대가로 받는 보수를 통해 돈을 법니다. 일부 크리스천 직장인들은 근로소득 외에 주식 투자를 통해 금융 소득도 올리고 있습니다. 여기서는 근로소득 외에 추가로 소득을 올릴 수 있는 주식 투자에 대해 얘기해 보고자 합니다.
　대다수 크리스천들은 직장 생활을 통해 근로소득을 올려 나와 가족의 경제적 필요를 채우는 것에 대해 아무런 거리낌이 없습니다. 그리고 나아가 직장 일에 최선을 다해 좋은 성과를 내고 거기에 합당한 보상을 받아 경제적으로 여유롭게 되는 것에 대해서도 아무런 부담을 느끼지 않습니다. 오히려 직장에서 성실하게 노력하여 고위 임원으로 성장한 크리스천을 좋은 시선으로 바라봅니다. 그런데 근로소득이 아닌 금융 소득을 올리는 것은 다르게 생각합니다. 특히 주식 투자로 소득을 올리는 것은 긍정적으로 보지 않습니다.

우리는 산업사회에 속해 있으며 동시에 자본주의 경제 체제하에서 살아가고 있습니다. 산업사회라는 관점에서 근로소득이 중요하듯이, 자본주의 사회라는 관점에서는 투자 소득이 중요한 의미를 가집니다. 자본주의 경제 체제는 개인이 공장과 같은 생산 수단을 소유할 수 있는 체제를 말합니다. 어떤 사람이 생산 수단을 소유하기 위해서는 자금이 필요합니다. 일반적으로 생산 수단의 지분을 주식의 형태로 주주에게 팔고 그 대가를 받아서 필요한 자금을 조달합니다. 그러므로 자본주의 사회에서 주식 투자는 자본주의 시스템이 원활하게 작동되도록 하는 원동력입니다. 이런 관점에서 주식 투자는 우리 사회 발전에 도움이 되는 유용한 활동이라고 할 수 있습니다.

그런데 경건한 크리스천들은 주식 투자를 긍정적으로 보지 않습니다. 심지어 주식 투자를 죄악시하는 크리스천들도 있습니다. 많은 크리스천들이 주식 투자를 하면 안 된다고 생각하는 것 같습니다. 왜 그럴까요? 몇 가지 중요한 이유가 있다고 생각합니다. 여기서는 크리스천의 삶의 방식에 대한 고지론(高地論)과 미답지론(未踏地論)을 참고하여 중요한 이유 하나에 대해 얘기해 보고자 합니다.

고지론은 크리스천이 세상의 높은 자리에 올라 그곳에서 선한 영향력을 널리 펼쳐야 한다는 주장입니다. 반대로 미답지론은 크리스천은 아무도 밟지 않은 낮은 자리에서 불쌍한 이웃을 돌보며 살아야 한다는 주장입니다. 고지론을 주장하는 사람들은 성경에 나오는 요셉, 다니엘, 느헤미야를 보라고 합니다. 이들은 모두 높은 자리에 올라서 이스라엘 민족을 어려움에서 구하는 등 믿음의 선한 영향력을 크게 펼쳤던 사람들입니다. 미답지론을 옹호하는 사람들은 초대교회의 사도와 성도들을 예로 듭니다. 이들은 남이 가지 않은 힘들고 어려운 곳으로 가서 불쌍한 이웃을 사랑으로 돌보며 복음을 전했던 사람들입니다.

어느 주장이 맞고 어느 주장이 틀렸다고 판단하기가 쉽지 않습니다. 고지론도 맞고 미답지론도 맞는 것 같습니다. 하지만 서로 상반된 주장을 하는 두 이론이 모두 맞다는 것은 있을 수 없는 일입니다. 우리는 이것을 어떻게 설명해야 할까요?

제 생각에는 비본질적인 것에 대해 서로 대립하기 때문에 이런 상황에 빠진다고 생각합니다. 많은 목사님들이나 신학자들은 고지론과 미답지론 논쟁에 대해 크리스천이 어느 '위치'에 있는 것이 중요한 것이 아니라, 위치에 상관없이 하나님 나라 확장(마 28:19~20)이라는 '사명'을 잘 감당하는 것이 중요하다고 말합니다. 다시 말해 '고지'에 있느냐 아니면 '미답지'에 있느냐가 중요한 것이 아니라 '사명'을 잘 감당하느냐 그렇지 않으냐가 중요하다는 것입니다. 무엇이 본질이고 무엇이 비본질인지를 정확하게 이해하고 하는 말이라고 생각합니다. 이러한 견해에 전적으로 동감합니다.

어느 위치에 있어야 하느냐는 비본질이고, 위치에 상관없이 사명을 잘 감당하는 것이 본질이라고 할 수 있겠습니다. 본질은 오직 하나여야 하지만 비본질적인 것은 여러 개가 있을 수 있습니다. 이것은 마치 하나의 나무 원줄기에 서로 반대 방향으로 뻗은 가지들이 있는 것과 유사하다고 생각합니다. 원줄기는 한 방향으로 자라야 하지만 가지는 어느 방향으로 뻗어 나가든지 상관없습니다. 서로 반대되는 주장을 펼치는 고지론과 미답지론도 이런 관점으로 보면 모두 맞다고 할 수 있습니다.

다시 얘기를 크리스천의 주식 투자로 돌려 보겠습니다. 고지론과 미답지론을 소유의 측면에서 해석하면 고지론은 부자가 되어서 선한 영향력을 마음껏 펼쳐야 한다는 주장이며, 미답지론은 빈자의 자리에서 이웃에게 사랑을 베풀며 살아가야 한다는 주장이라고 할 수 있습니다. 고지론을 옹호하는 크리스천이라면 하나님의 사명을 잘 감당하기 위해서 먼저 부자가 되어야 한다고 생각합니다. 그래서 직장 일도 열심히 하고 주식 투자도 적극적으로 해서 부자가 되어야 한다고 생각합니다. 반대로 미답지론을 옹호하는 크리스천이라면 주식 투자에 대해 부정적인 생각을 가질 수밖에 없습니다. 내가 부자가 되기 위해 애쓰기보다 지금 상태에서 이웃을 위해 선한 일을 열심히 하는 것이 중요하다고 생각합니다.

아마 대다수 크리스천들은 고지론과 미답지론의 중간 어디쯤에 서 있을 것 같습니다. 먼저 부자가 되어서 선한 영향력을 행사하고자 하는 생각이든 경제적으로 발전하기를 포기하고 지금 상태에서 이웃을 돌보며 살아가야 한다는 생각이든 모두 부담스럽습니다. 어느 한쪽을 콕 찍어 선택하기가 쉽지 않습니다.

많은 크리스천들이 이처럼 혼란스러운 상태에 있는 이유는 앞에서 얘기한 대로 본질과 비본질을 명확하게 구분하지 않기 때문입니다. 우리가 부자의 자리로 올라가느냐 아니면 빈자의 자리에 남아 있느냐는 본질이 아닙니다. 본질이 아닌 것에 대해서는 이것을 선택해도 되고 저것을 선택해도 되고 심지어 중간을 선택해도 상관이 없습니다. 바울의 말처럼 크리스천은 "풍부에 처할 수도 있고 비천에 처할 수도" 있습니다(빌 4:12). 부자의 자리에 있느냐 빈자에 자리에 있느냐는 비본질적 이슈라고 할 수 있습니다.

중요한 것은 본질입니다. 앞에서 언급한 것처럼 크리스천의 삶의 본질은 어느 자리에 있든지 사명을 잘 감당하는 것입니다.

> 그런즉 너희는 먼저 그의 나라와 그의 의를 구하라 그리하면 이 모든 것을 너희에게 더하시리라(마 6:33).

성경 말씀처럼 크리스천의 사명은 그의 나라와 의를 구하는 것입니다. 내가 어느 자리에 있느냐 하는 것은 그다지 중요하지 않습니다. 어디에 있든지 사명을 잘 감당하느냐 못 하느냐가 중요합니다.

그것이 본질입니다. 우리는 본질을 삶의 목적으로 삼고 추구해야 합니다.

정리를 하겠습니다. 크리스천이 주식 투자를 해도 되느냐 안 되느냐는 본질에 대한 문제가 아닙니다. 본질은 사명 감당입니다. 따라서 주식 투자는 해도 문제될 것이 없고 하지 않아도 상관없습니다. 우리가 사명 감당이라는 본질적인 목적을 잊지 않는다면 주식 투자를 해도 아무런 문제가 없다고 생각합니다.

그렇지만 조심해야 합니다. 사람은 약합니다. 특히 탐심에 지배받기가 쉽습니다. 주식 투자를 하다 보면 자기도 모르게 재물에 눈이 멀어 사명을 잊어버릴 수 있습니다. 삶의 목적이 사명 감당이 아니라 주식 투자를 통해 소유와 재물을 늘리는 것으로 변질될 수 있습니다. 크리스천은 주식 투자를 하더라도 본질과 비본질이 뒤바뀌지 않도록 항상 조심해야 합니다.

탐심에서 벗어날 수 있는 새로운 주식 투자 방식

앞에서 크리스천들이 주식 투자에 부담을 느끼는 이유 중 하나가 본질과 비본질을 명확하게 구분하지 않고 주식을 바라보기 때문이라는 얘기를 하였습니다. 그런데 크리스천이 삶의 본질을 명확히 이해하고 사명에 우선 순위를 두고 살아가더라도 주식 투자를 하는 것에 대하여 여전히 불편한 마음이 남아 있습니다. 그 이유는 무엇일까요? 크리스천이 주식 투자를 부담스럽게 생각하는 또 다른 중요 이유를 살펴보고자 합니다.

소득을 올리는 방법으로 크게 근로소득과 투자 소득이 있음을 앞에서 얘기하였습니다. 직장에서 일을 하고 근로소득을 올리는 것에 대해서는 모든 크리스천들이 당연하게 여깁니다. 아무런 거리낌이 없습니다. 그런데 주식 투자를 해서 금융 소득을 올리는 것에 대해서는 많은 크리스천들이 부담스럽게 여깁니다. 이런 방법으로 돈을 벌어도 되나 하는 의문을 가집니다. 왜 그럴까요?

앞에서도 비슷한 얘기를 했지만 재물이나 소유에 대한 성경의 강력한 경고 때문이라고 생각합니다.

> 돈을 사랑함이 일만 악의 뿌리가 되나니 이것을 탐내는 자들은 미혹을 받아 믿음에서 떠나 많은 근심으로써 자기를 찔렀도다 (딤전 6:10).

돈을 '사랑함'이 일만 악의 뿌리라고 했습니다. 돈 자체는 선도 아니요 악도 아닙니다. 그렇지만 돈에 대한 '사랑'이나 '집착'은 일만 악의 뿌리라고 성경은 강하게 경고하고 있습니다. 이런 경고의 말씀으로 인하여 크리스천이 비록 사명 감당이라는 본분을 잊지 않더라도 주식 투자를 통해 소득을 올리는 것에 대해 부담을 느낍니다.

직장에서 근로를 통해 소득을 올리는 행위에는 돈에 대한 사랑이나 탐심이 개입되지 않습니다. 그런데 주식 투자를 할 때는 크리스천도 일반인과 마찬가지로 돈에 대한 관심과 집착이 쉽게 생깁니다. 일만 악의 뿌리가 된다고 성경에서 경고하는 '돈을 사랑함'에 자기도 모르게 빠져듭니다. 자칫 잘못되면 죄악의 길로 들어설 수도 있습니다. 이런 이유로 많은 크리스천들이 주식 투자를 통해 소득을 올리는 것에 대해 불편한 마음을 가지고 있습니다.

왜 사람들은 주식 투자를 할 때 돈에 대한 강한 집착에 빠지게 될까요? 두 가지의 잘못된 주식 투자 방식 때문이라고 생각합니다.

첫 번째로 지적하고 싶은 잘못된 투자 방식은 '시세 차익을 노린 단기 투자'입니다. 빨리 돈을 벌고자 하는 욕심으로 대다수 사람들은 이런 식의 주식 투자를 합니다. 제가 보기에 이런 투자 방식은 문제가 많습니다. 시세 차익을 노린 단기 투자에서 돈을 벌려면 주가가 저점일 때 매입하고 고점일 때 매도해야 합니다. 주가가 언제 저점 혹은 고점이 될지 알 수 없으니 항상 주가 변화에 신경을 써야 합니다. 필연적으로 주가, 다시 말해 돈에 대해 관심을 가질 수밖에 없습니다. 심하면 온종일 주식 시세만 바라보게 됩니다.

빨리 많은 돈을 벌고자 단기 투자를 하지만 애석하게도 단기 투자에서 그러한 목표를 달성하기는 쉽지 않습니다. 성과는 없고 돈에 대한 관심과 집착만 강해집니다. 전문가들은 좋은 투자 성과를 내려면 급한 마음을 버리고 천천히 장기 투자를 해야 한다고 말합니다. 저는 투자 성과뿐 아니라 돈에 대한 관심과 집착에서 벗어나기 위해서도 장기 투자를 해야 한다고 생각합니다. 장기 투자란 5년, 10년 오랜 기간 동안 투자하는 것을 말합니다.

이러한 장기 투자도 좋지만 저는 한 걸음 더 나아가 평생 동안 투자하는 '생애 투자'를 권하고 싶습니다. 이렇게 말씀드리면 "평생 주식만 신경 쓰고 살라는 말이냐?" 하고 반문할 수 있을 것입니다. 그렇지만 '태극은 무극'이라는 말이 있듯이, '생애 투자'를 하게 되면 오히려 일생 동안 주식에 무관심해질 수가 있습니다. '생애 투자'를 하는 실제적인 방법에 대해서는 뒤에서 다시 자세하게 말씀드리겠습니다.

또 한 가지 잘못된 투자 방식은 '개별 주식' 위주로 투자하는 것입니다. 아무리 유망한 기업이라도 주가는 내부 경영 상태나 대외 경제 환경에 따라 항상 등락을 반복합니다. 언제나 오르기만 하는 주식은 세상에 없습니다. 파도에 배가 흔들리듯이 개별 주식은 끊임없이 흔들립니다. 주가가 오를 때는 기분이 좋지만 내릴 때는 마음이 무겁습니다. 이래저래 주가 변동에 눈을 떼지 못합니다. 주가가 아래위로 조금씩 흔들려도 신경이 쓰이고, 큰 폭으로 하락하면 관심이 온통 거기로 집중됩니다. 우량 기업이라도 혁신에 실패하거나 경영 환경이 변하면 주가는 큰 폭으로 하락합니다.

다시 말씀드리지만 개별 종목은 주가 변동이 심하고 안전하지 않습니다. 그래서 신경이 많이 쓰입니다. 본능적으로 주식에 집착하게 됩니다. 여기에 대한 해결책은 무엇입니까? 일확천금을 기대하는 무리한 욕심을 내려 놓고, 개별 주식이 아닌 '전체 주식'에 투자하는 것입니다. 전체 주식이란 주식 시장에 상장된 모든 주식을 의미합니다. 주가지수를 추종하는 ETF(Exchange Traded Fund, 상장지수펀드)를 매입하면 그것이 바로 주식 시장에 상장된 모든 주식, 즉 전체 주식에 투자하는 것이 됩니다.

예를 들어 전 세계 1만여 개 기업의 주식을 편입한 ETF가 있습니다. 전 세계 모든 주식을 담은 ETF라고 불러도 손색이 없을 것 같습니다. 워낙 많은 기업의 주식을 담고 있기 때문에 개별 종목과 달리 주가 변동이 크지 않습니다. 작은 배는 파도에 심하게 흔들려도 항공모함과 같이 큰 배는 별로 흔들리지 않는 것과 같은 이치입니다.

전체 주식에 해당되는 이런 ETF에 투자하면 주가 변동이 크지 않고, 또 꾸준히 성장하기 때문에 신경 쓰이지 않는 편안한 투자가 가능합니다.

이러한 ETF는 개별 종목처럼 단기 급등하는 모습은 보이지 않으나 전 세계 경제 성장과 궤를 같이하여 꾸준히 상승하는 모습을 보여 줍니다. 이러한 ETF에 투자하면 단기간에 큰 돈을 벌 수는 없지만 장기적으로 큰 수익을 얻을 수 있습니다. 욕심을 내려놓고 천천히 부자가 되겠다는 결심을 하면 누구나 큰 수익을 올릴 수 있습니다. '전체 주식'에 대한 실제적인 투자 방법 역시 뒤에서 다시 자세하게 설명하도록 하겠습니다.

지금까지 말씀드린 내용을 정리하겠습니다. 주식이란 자본주의 사회 경제 체제를 구성하는 중요한 요소입니다. 주식 투자는 자본주의 경제가 발전하도록 도와줍니다. 이런 의미에서 주식 투자는 바람직한 활동이라고 할 수 있습니다. 하지만 자칫 잘못하면 돈을 사랑하게 되어 일만 악에 빠질 위험이 있습니다. 이러한 위험에 빠지지 않기 위해서는 욕심을 내려놓고 세상 사람들과 다른 방식으로 투자해야 합니다.

세상 사람들은 급등주나 유망주를 찾아 개별 종목에 투자합니다. 개별 주식은 주가 등락이 심합니다. 주가 변동이 심하니 신경이 쓰이지 않을 수 없습니다. 또한 세상 사람들은 시세 차익을 노리고 단기 투자를 합니다. 단기 투자에서 수익을 내려면 내가 매입한 주식의 주가가 오르는 순간에 신속하게 팔고 나와야 합니다. 자연히 주가 변화에 집중할 수밖에 없습니다. 내 생활이 주식 투자에 얽매이게 됩니다. 이런 식의 투자는 대단히 위험합니다. 죄악에 빠질 수도 있습니다.

이러한 위험에서 벗어나려면 개별 주식이 아닌 '전체 주식'에 투자하고, 단기 투자가 아닌 '생애 투자'를 해야 합니다. 우리를 유혹하는 탐심에서 벗어날 수 있는 투자 방법입니다. 그뿐만 아니라 마음이 편안하고 투자 성과는 확실하며 실행은 대단히 쉬운 투자 방법입니다.

미장원 원장이
꼬마 빌딩 주인이 된 사연

사람들은 누구나 내일의 경제적 자유를 꿈꾸며 오늘을 살아갑니다. 경제적 자유에 이르기 위해서는 본업인 직장 일에 집중하는 것이 가장 중요합니다. 그리고 앞에서 얘기한 대로 크리스천의 본분인 사명을 잊지 않은 상태에서 욕심을 내려놓고 '전체 주식 생애 투자'라는 새로운 방식으로 주식 투자를 하는 것도 경제적 자유에 이르는 데 큰 도움이 될 수 있습니다.

자본주의 세상에서 살아가고 있는 우리가 금융 투자를 전혀 하지 않고 살아간다면 이는 돛을 달지 않고 노만 사용하여 강을 건너는 뱃사공과 같다는 생각이 듭니다. 힘은 힘대로 들지만 앞으로 잘 나아가지 못합니다. 자본주의 사회에 살면서 금융 투자를 하지 않으면 기회 손실이 대단히 크다고 생각합니다.

투자를 하려면 금융 지식이 필요합니다. 금융 지식을 갖는 것이 경제적 자유를 향한 첫걸음이라 할 수 있습니다. 전 미 연방준비제도 의장 앨런 그린스펀은 "문자 문맹은 생활이 불편할 따름이지만 금융 문맹은 생존이 달린 문제다"라고 말한 바 있습니다. 그린스펀은 자본주의 사회에 살면서 금융 지식이 없으면, 기회 손실을 넘어 생존 자체가 어렵다고 말합니다.

금융 지식이 있는 사람은 휴가지에서 느긋하게 쉬면서 손가락으로 휴대폰 앱을 몇 번 터치하는 것만으로도, 밤 늦게까지 잔업을 하고 다음 날 새벽같이 일어나 출근하는 고단한 근로자보다 훨씬 많은 소득을 올릴 수 있습니다. 자본주의 체제하에서 금융 문맹은 잘 닦인 고속도로를 외면하고 비포장 도로로 달리는 차와 같습니다. 스스로 기울어진 운동장을 선택하는 셈입니다. 경쟁이 되지 않습니다. 제대로 된 경쟁을 하기 위해서는 금융 지식을 갖추어야 합니다.

금융에 대한 깊이 있는 내용을 자세히 다 이해할 필요는 없습니다. 주식이나 채권 투자를 할 수 있는 정도의 기본적인 지식만 있으면 됩니다. 이러한 금융 지식이 자본주의 사회가 제공하는 또 하나의 기회를 잘 활용할 수 있게 해주는 도구가 됩니다.

늘 가는 동네 미장원이 있습니다. 이발을 하고 염색을 하는 데 1시간 30분 정도 걸립니다. 미장원 원장은 말하기를 좋아하는 사람입니다. 이발을 하는 동안 늘 많은 얘기를 듣습니다. 한번은 원장으로부터 주식 투자를 해서 돈을 벌었다는 얘기를 들었습니다. 원장은 주식 투자에 대해 아무것도 모르는 사람이었습니다. 어느 날 미장원에 오는 몇몇 손님들이 주식 투자를 통해 돈을 벌었다는 얘기를 듣고 주식에 관심이 생겼습니다. 손님들에게 주식 투자를 어떻게 하는지 물었습니다. 여러 손님들에게 반복적으로 물어 대략적으로 감을 잡았습니다. 손님들이 얘기해 준 대로 증권사를 찾아가서 계좌를 만들었습니다.

이후 원장은 손님들과 이런저런 얘기를 할 때 주식에 대한 질문을 빼먹지 않고 꼭 했습니다. 그렇게 하던 중 언젠가 여러 손님들로부터 특정 주식이 오를 것이라는 얘기를 반복적으로 들었다고 합니다. 원장은 그때 바로 꽤 많은 주식을 매입했습니다. 바로 2차 전지 주식이었습니다. 투자 타이밍이 좋아서 상당한 소득을 올렸습니다. 요즘 저는 다른 미장원에서 이발을 합니다. 늘 가던 단골 미장원이 3층짜리 꼬마 빌딩을 지어서 이사를 갔기 때문입니다. 아마도 그동안 미장원을 운영하여 벌어들인 수익보다 주식 투자를 통해 번 수익이 더 많았을 것 같습니다.

앞에서 얘기했지만 자본주의 사회에서 금융 투자를 하지 않는 것은 소중한 기회 한 가지를 흘려보내는 것과 같습니다. 미장원 원장이 가진 단편적인 지식 정도만 있어도 기회를 내 것으로 활용할 수 있습니다. 하지만 이 정도의 지식으로 주식 투자를 하는 것은 대단히 위험합니다. 미장원 원장은 운이 좋았지만 계속해서 운이 좋기는 어렵습니다. 운만 믿고 주식 투자를 할 수는 없습니다. 주식 투자를 하기 위해서는 최소한의 기본 지식은 갖추어야 합니다.

주식 투자를 하기 위해서는 상장지수펀드(ETF), 배당 그리고 주식과 관련된 세금 용어 및 개념 정도는 꼭 이해할 필요가 있습니다. 이러한 주식 투자 관련 지식들은 유튜브나 블로그에 널려 있습니다. 관심만 있으면 누구나 짧은 시간 안에 원하는 지식을 습득할 수 있습니다.

정리해서 말씀드리면, 자본주의 사회에서 주식 투자는 우리에게 근로소득 외에 또 다른 소득을 올릴 수 있는 기회를 제공해 줍니다. 이러한 기회를 활용하기 위해서는 먼저 주식 투자에 대한 기본 지식을 알아야 합니다. 어렵지 않은 지식입니다. 쉽게 재미있게 설명하는 자료들이 우리 주위에 널려 있습니다. 관심만 가지고 있으면 누구나 쉽게 배울 수 있습니다. 노만 저어서 강을 건너려면 힘이 듭니다. 돛 다는 방법을 익혀서 돛을 올리고 가면 한결 수월해집니다. 뱃전에서 강바람을 맞으며 쉬고 있어도 잔잔한 바람이 나를 목적지로 데려다 줍니다. 약간의 귀찮음을 극복하고 돛 다는 방법을 익히기를 바랍니다.

원숭이가 사람보다
주식 투자 실적이 좋은 이유

　세상에는 일견 모순처럼 들리는 얘기들이 있습니다. 골프에서는 "힘을 빼야 공이 멀리 날아간다"라고 얘기를 합니다. 앞뒤가 맞지 않는 말 같습니다. 이순신 장군은 '사즉생 생즉사'를 외치면서 군사들을 독려했습니다. "죽고자 하면 살고, 살고자 하면 죽는다"라는 이 말도 모순처럼 들리는 말입니다. 이치에 맞지 않는 것 같습니다. 그래서 이런 말들은 받아들이기가 쉽지 않습니다. 하지만 실제로 골프에서는 힘을 빼지 못해 스윙을 망치고, 전쟁터에서는 살려고 꽁무니를 빼다가 죽습니다.

　주식 투자도 이와 유사한 것 같습니다. 투자에 신경을 많이 쓰면 돈을 잃고, 신경을 적게 쓰면 돈을 법니다. 이치에 맞지 않는 말 같지만 사실입니다. 사람과 원숭이 사이의 주식 투자 시합 결과가 이를 잘 보여 주고 있습니다.

〈월스트리트〉 유럽판(WSJE)이 주관하여 2000년 7월부터 2001년 7월까지 전문 투자자, 일반 투자자 그리고 원숭이가 주식 투자 시합을 하였습니다. 각자 유망하다고 판단하는 종목을 선택하여 투자를 하였습니다. 원숭이의 경우는 벽에 붙여 놓은 주식 종목표에 다트를 던져 투자 종목을 결정하였습니다. 이런 방식으로 1년 동안 투자한 결과, 원숭이는 -11.4 포인트, 전문가는 -13.6 포인트, 일반인은 -124.6 포인트를 기록했습니다. 이 기간 동안 전체 주가는 -26.9 포인트 하락하였습니다. 원숭이의 투자 실적이 놀랍습니다. 일반 투자자는 물론이고 전문 투자자보다 실적이 좋았습니다. 엄청나게 신경을 써서 종목을 선택한 사람보다 아무런 생각 없이 종목을 선택한 원숭이의 실적이 더 좋았다는 황당한 일이 벌어졌습니다.

대다수 사람들은 신경을 많이 써야 돈을 벌 수 있을 것 같아서 온갖 노력을 다해 정보를 수집하고, 이 정보를 다양한 기법으로 분석하여 시장 추세를 파악하기 위해 애를 씁니다. 그렇지만 대다수 주식 대가들은 시장 추세를 알아 내는 것은 불가능하다고 말합니다.

월가의 전설이라는 피터 린치는 시장 추세 파악에 대해 다음과 같이 말했습니다.

> 시장의 추세를 찾으려고 노력하면 주가가 바닥을 치고 올라가는 시점에서 주식을 팔고 주가가 상승했다가 하락하는 시점에서 주식을 사는, 거꾸로 된 투자를 하게 된다. 사람들은 자신이 운이

없기 때문에 이런 일이 생긴다고 생각한다. 사실은 불가능한 일을 하려고 하기 때문에 그런 일이 생기는 것이다(피터 린치, 《피터 린치의 투자 이야기》, 흐름출판, 2021, 155쪽).

피터 린치는 아무리 신경 써도 시장의 추세를 찾기 어렵다고 주장합니다. 우리는 크게 두 가지 영역에 대해서 주식 시장의 추세를 찾기를 원합니다. 바로 '투자 종목'과 '투자 시기'입니다. 앞으로 A라는 주식이 오를지 아니면 B라는 주식이 오를지 알기를 원합니다. 하지만 알 수가 없습니다. A종목이 상승할 것 같아서 매입했는데 실제로 A종목은 하락하고 매입하지 않은 B종목이 상승하는 경우를 빈번히 경험합니다. 그리고 A주식이 내일부터 상승할 것인지 아니면 한 달 후부터 상승할지 알기를 원합니다. 하지만 이것을 아는 것도 불가능합니다. A주식이 내일부터 상승할 것 같아 매입을 했는데 계속 하락하였습니다. 한 달 정도 보유하고 있다가 도저히 못 참고 매도하였는데 그때부터 본격적으로 상승하는 경우가 허다합니다.

주식 투자 시합에서 원숭이가 사람을 이긴 이유가 바로 이것 때문입니다. 어떤 종목이 상승할지 혹은 하락할지 모르니 신경 쓰지 않고 무작위로 선택하면 평균 수익은 낼 수 있습니다. 하지만 아마추어 투자자가 신경을 써서 시세를 찾으려고 노력하면 피터 린치의 말대로 오히려 거꾸로 된 투자를 할 가능성이 높습니다. 당연히 수익률이 좋지 않습니다. 이 시합에서는 두 변수 중 투자 시기는 고정하고 투자 종목만 각자 선택하도록 하였습니다. 만일 투자 시기도

임의로 선택하라고 했으면 원숭이가 일반 투자자에 비해 훨씬 더 좋은 성적을 거두었으리라 예상됩니다.

이처럼 피터 린치를 포함한 투자 대가들은 시장의 추세를 알 수가 없다고 말합니다. 다시 말해 '투자 종목'과 '투자 시기'를 제대로 맞추는 것은 불가능합니다. 우리가 아무리 노력하고 신경을 써도 어느 종목에 언제 투자해야 수익을 올릴 수 있을지 알 수 없습니다. 그렇다면 어떻게 해야 합니까? 우리도 원숭이처럼 눈을 감고 다트를 던져서 투자를 해야 합니까? 참으로 답답한 상황이 아닐 수 없습니다.

그렇지만 답답해하지 않아도 됩니다. 좋은 방법이 있습니다. 시장 추세를 알려고 노력하거나 신경 쓰지 않아도 우수한 투자 성과를 낼 수 있는 투자 방법이 있습니다. 그것은 바로 앞에서도 잠시 언급한 '전체 주식'에 '생애 투자'를 하는 것입니다. '전체 주식'에 투자하면, 우리가 노력해도 알 수 없는 '종목 선택'을 굳이 하지 않아도 됩니다. '생애 투자'를 하면 '시기 선택'을 하지 않아도 됩니다. 이런 방식의 투자를 하면 주식 투자에 '신경을 쓰지 않아도' 됩니다. 그렇지만 투자 성과는 좋게 나옵니다. 대단히 좋은 방법이라고 생각합니다. 실제적으로 어떻게 이러한 투자를 하는지는 뒤에서 다시 자세히 말씀드리겠습니다.

여기서 한 가지 잊지 말아야 할 것이 있습니다. 주식 투자를 할 때 좋은 투자 성과를 내려면 '신경을 적게 쓰는 투자'를 해야 한다고 했는데, 투자 시 신경을 적게 써야 할 이유는 이뿐만이 아닙니다. 본업인 직장 일을 생각해서도 주식에 신경을 적게 써야 합니다. 주식 투자에 지나치게 신경을 쓰면 주식 투자에서 성공할 수 없을 뿐만 아니라 자신이 하고 있는 본업도 망치게 됩니다. 주식 투자에 신경을 많이 쓰는 사람은 직장 일에 전념할 수가 없습니다. 업무에 집중하지 못하니 좋은 성과를 내기가 어렵습니다. 무리 속에서 적당히 묻어갈 수 있을지는 몰라도 두드러진 성과를 내기는 어렵습니다. 따라서 시간이 흘러도 회사의 주요 임직원으로 성장하기가 불가능합니다. 직장인 주식 투자의 위험성이 바로 여기에 있습니다. 주식 투자에만 자꾸만 신경을 쓰다 보니 투자도 성공하지 못하고 회사 일도 제대로 못합니다. 결국 둘 다를 망치게 됩니다.

주위에 보면 상당히 유능해 보이는 직원들이 제때에 승진을 못하는 경우가 종종 있습니다. 이런 사람들을 자세히 들여다보면 다 이유가 있습니다. 어떤 사람은 술을 지나치게 좋아하고 어떤 사람은 취미 활동에 과도하게 몰입합니다. 그리고 말씀드린 바와 같이 주식이나 코인 투자에 지나치게 빠져 있는 사람들도 있습니다. 이런 활동으로 직장 일에 제대로 집중하지 못했기 때문에 승진에서 누락된 것입니다.

항상 본업이 우선되어야 합니다. 본업에 영향을 주는 투자 활동은 금물입니다. 과도하게 투자 활동에 몰입하면 본업과 투자 둘 다 망칩니다. 특히 주님을 따르는 크리스천이 급여를 받으면서 회사 일이 아닌 엉뚱한 일에 신경을 주로 쓰는 것은 있을 수 없는 일입니다. 성경에서도 "무슨 일을 하든지 마음을 다하여 주께 하듯 하고 사람에게 하듯 하지 말라"(골 3:23)라고 말하고 있습니다. 회사 업무는 건

성으로 하고 대신 투자에 주로 신경을 쓰는 것은 크리스천으로서 매우 부적절한 처신입니다. 이런 행동은 회사에는 손해를 끼치고, 동료들에게는 피해를 주며, 자신에게는 실패와 수치를 안겨 줍니다.

주식 투자를 어떤 방식으로 해야 할지 결론은 명확합니다. 주식 투자와 본업을 모두 살리려면 '신경을 안 써도 되는 투자'를 해야 합니다. 투자 종목과 투자 시기를 선택할 필요가 없도록 '전체 종목'에 '생애 투자'를 하면 됩니다. 이렇게 하면 주식 투자와 본업을 모두 잘 할 수 있습니다.

이어지는 글에서는 신경을 쓰고 노력하더라도 시장의 추세를 알지 못해 엄청난 리스크를 피할 수 없는 '개별 종목 단기 투자'에 대해 먼저 얘기하겠습니다. 그러고 난 뒤 돈을 '사랑함'이라는 유혹에서도 벗어날 수 있고 투자와 본업도 살릴 수 있는 '전체 종목 생애 투자'에 대해 자세히 설명하겠습니다.

천재 뉴턴도 실패한
개별 주식 단기 투자

앞에서 시장의 추세는 알 수 없으니 투자 종목이나 투자 시기 선택에 신경 쓸 필요가 없는 '전체 종목 생애 투자'를 하는 것이 바람직하다고 하였습니다. 하지만 안타깝게도 대부분의 사람들은 반대로 합니다. 다시 말해 '개별 종목'에 '단기 투자'를 합니다. 욕심 때문입니다. 욕심은 위험합니다. 욕심이 자라면 파멸에 이르게 됩니다.

    욕심이 잉태한즉 죄를 낳고 죄가 장성한즉 사망을 낳느니라(약 1:15).

성경 말씀대로 욕심은 죄를 낳고 죄는 사망을 낳습니다. 욕심에 이끌린 '개별 종목 단기 투자'는 대부분 실패합니다. 엄청난 리스크가 있기 때문입니다. 리스크가 얼마나 큰지 실제 사례를 통해 살펴보고자 합니다.

만유인력의 법칙을 발견한 아이작 뉴턴은 인류 역사상 최고의 천재 중 한 사람으로 대표적인 주식 투자 실패자입니다. 그는 개별 주식 단기 투자로 전 재산의 90퍼센트를 날려 버렸습니다. 뉴턴처럼 머리가 좋은 사람도 욕심이나 질투와 같은 인간의 원초적 본능으로부터 자유로울 수 없는 것 같습니다. 일확천금의 욕심과 성공한 지인에 대한 질투가 뉴턴의 눈을 멀게 하였습니다.

1720년 초에 뉴턴은 남해(South Sea)라는 회사의 주식을 매입합니다. 다행히 주가가 올라 뉴턴은 적당한 시점에 주식을 매도하고 이익을 실현합니다. 첫 매매에서 성공한 것이 나중에 독이 된 것 같습니다. 뉴턴이 매도하고 난 후에도 그 주식은 계속 올랐습니다. '팔지 말걸!' 하고 후회하고 있는데 지인 중에 그 주식을 계속 보유하여 큰 수익을 내는 사람이 있음을 알게 됩니다. 첫 매매의 성공 경험에서 오는 자신감과 지인에 대한 질투가 뉴턴의 이성을 마비시켰습니다.

여전히 급등하고 있던 남해 주식에 뉴턴은 전 재산을 투자합니다. 하지만 주식을 다시 매입하자 그때부터 주가가 급락하기 시작합니다. 정신 차릴 틈도 없이 주식이 급락하여 90퍼센트의 손실을 보고서야 겨우 매도하고 빠져나올 수 있었습니다. 1720년은 뉴턴에게 지옥 그 자체였습니다. 이 같은 큰 실패 후 뉴턴은 "우주의 법칙은 알 수 있어도 주식시장의 광기는 도저히 예측할 수 없다"라는 명언(?)을 남겼습니다. 무덤 속의 뉴턴이 들으면 기분 나쁘겠지만 뉴턴의 주식 투자 실력은 원숭이보다 못합니다.

천재 중의 천재인 뉴턴도 개별 주식 주가가 단기적으로 어떻게 변할지 예측을 못하였습니다. 그 당시에 비하면 주식시장의 복잡성은 현재 수십 배 증가되었을 것입니다. 이런 복잡한 시장에서 뉴턴과 같은 천재도 성공하지 못한 일을 내가 할 수 있을 것이라고 생각한다면 그것은 만용이며 오만입니다.

대표적인 예를 한 가지 들어 보겠습니다. 전기차를 생산하는 미국 테슬라는 전 세계 1, 2위를 다투는 대형 우량 기업입니다. 기업 위상에 걸맞게 2021년까지 천하를 제패할 듯 주가가 치솟았습니다. 테슬라 주식을 소유한 사람들은 모두들 콧노래를 불렀습니다. 하지만 2022년부터 테슬라 주가는 롤러코스터처럼 큰 폭의 등락을 반복하고 있습니다. 주가에 미치는 요인들이 워낙 많다 보니 테슬라 주가도 끊임없이 요동치고 있습니다. 트럼프 대통령 당선 이후 주가가 급등했습니다. 이를 보고 아마도 많은 사람들이 또 테슬라 주식에 투자했을 것입니다. 하지만 언제 또 급락할지 아무도 모릅니다. 테슬라 주식에 투자하여 환호하는 사람들도 있겠지만 큰 손실을 보고 힘들어하는 사람도 많을 것입니다. 아무리 위대한 기업의 주식이라고 하여도 개별 종목은 부침이 심합니다. 개별 종목 단기 투자는 대단히 위험합니다.

또 다른 사례를 소개해 드리겠습니다. 금융권에서 일하는 지인으로부터 들은 얘기입니다. 지인은 36년간 주식 투자를 해오고 있는 어떤 여성의 얘기를 해주었습니다. 그 여성은 자신의 방에 컴퓨

터를 비치해 놓고 데이 트레이딩(Day Trading)을 한다고 합니다. 그날 매입한 주식은 가급적 그날 매도한다는 원칙을 가지고 주식 투자를 한다고 했습니다. 한마디로 개별 종목을 초단기로 투자하는 분이라 할 수 있습니다.

지난 36년을 돌아보면 수익을 낸 시기도 있었고 손실을 본 시기도 있었습니다. 지인이 보기에 36년간 거의 매일 주식 투자를 했는데도 그분의 생활수준은 거의 나아지지 않았다고 합니다. 결국 일생 동안 열심히 투자 활동을 해 왔지만 성과는 미미했던 것 같습니다. 그뿐 아닙니다. 초단기 주식 투자에 매달리다 보니 인간관계가 대부분 파탄 나고 취미 생활 하나 제대로 하지 못했다고 합니다. 얻은 것은 거의 없는데 소중한 것을 많이 잃어버렸습니다.

개별 종목 단기 투자는 반드시 피해야 할 투자 방식입니다. 시장의 추세를 아는 것은 불가능하다는 주식 대가들의 얘기를 귀담아 들어야 합니다. 개별 종목 단기 투자는 투자가 아니라 운에 맡기는 투기라고 하는 것이 더 적당할 것 같습니다.

성경 말씀에도 단기간에 급하게 재물을 모으려 하는 것을 경계하는 구절이 있습니다.

> 충성된 자는 복이 많아도 속히 부하고자 하는 자는 형벌을 면하지 못하리라(잠 28:20).

하나님께서는 재물을 너무 속히 얻으려는 태도는 위험하다고 말씀합니다. 이 말씀을 오늘날 주식 투자에 적용하여 '돈을 빨리 벌려고 단기 투자를 하는 것은 위험하다'라고 조금 확대하여 해석해도 큰 무리는 아니라고 생각합니다.

　지금 이 시간에도 수많은 사람들이 일확천금을 꿈꾸면서 급등주나 테마주를 찾아 단타를 날립니다. 일부 사람들은 24시간 거래가 되는 코인에 단기 투자를 하면서 밤잠을 설치기도 합니다. 그렇지만 애석하게도 이들의 수고는 거의 성과 없이 끝이 납니다. 몸과 마음은 갈수록 피폐해지지만 손에 들어오는 것은 없습니다. 우리 내면 깊숙이 감추어져 있는 탐욕에 사로잡혀 잘못된 방식으로 투자하고 있기 때문입니다. 마음을 비우고 개별 주식 단기 투자에는 아예 눈길조차 주지 말아야 합니다.

전체 주식에
투자하라

앞에서 원숭이와 사람 간의 주식 투자 시합에 대해 얘기했습니다. 1년 동안의 시합에서 원숭이가 전문 투자자, 일반 투자자 모두를 이겼습니다. 전문 투자자에게는 근소한 차이로 이겼고 일반 투자자에게는 큰 차이로 이겼습니다. 만일 이러한 시합을 10년이나 20년간 장기적으로 하면 어떤 결과가 나올까요? 제 생각에 일반 투자자는 여전히 이길 가능성이 있지만 원숭이가 전문 투자자를 이기기는 쉽지 않을 것 같습니다. 원숭이가 10년 이상 장기간 전문 투자자보다 종목 선택을 더 잘하기는 확률적으로 크지 않아 보입니다.

그렇다면 원숭이가 장기간 투자하더라도 계속해서 전문 투자자를 이길 방법은 전혀 없을까요? 아닙니다. 방법이 있습니다. 상장지수펀드(ETF)를 운용하는 미국 뱅가드 그룹 존 보글 회장의 주식 투자 분석 결과에 이길 수 있는 방법이 나와 있습니다. 존 보글 회장은 개별 종목에 투자하는 월가의 주식 전문가들이 운용하는 펀드들의 장기 성과를 S&P 500 주가지수 수익률과 비교해 보았습니다. 비교 기간을 2001년부터 2016년까지 장기로 잡았을 때, 90퍼센트 이상의 전문 펀드들이 S&P 500 주가지수 수익률보다 낮은 성과를 기록했습니다(홍진채, 《거인의 어깨》, 포레스트북스, 2022, 68쪽). 잘 믿기지 않는, 어이없는 결과입니다. 소위 '날고 기는' 월가의 펀드 매니저들이 최선을 다해 펀드를 운영했는데 그들의 성과가 주가지수 수익률보다 낮았습니다.

이 결과가 우리에게 보여 주는 것은 '개별 종목' 투자가 그만큼 어렵다는 것입니다. 주식 투자의 전문가인 월가의 펀드 매니저들도 개별 종목 투자로 고수익을 올리기가 쉽지 않습니다. 개별 종목 주가의 심한 변동성 때문입니다. 기업 내부 경영 여건이나 외부 경제 환경에 의해 개별 기업의 주가는 끊임없이 요동칩니다. 주가가 영원히 고공 행진할 것 같았던 노키아, 코닥, GE의 주가도 어느 날 갑자기 폭락했습니다. 오랫동안 흔들림 없이 성장하는 개별 기업은 거의 없습니다. 다시 말해 장기간 흔들림 없이 지속 상승하는 개별 종목을 찾기는 대단히 어렵습니다.

이 결과를 다른 각도에서 보면, 원숭이가 장기 투자에서도 전문 투자자를 이길 수 있는 방법을 알 수 있습니다. 이 분석 결과를 뒤집어 설명하면 S&P 500 주가지수 수익률이 개별 종목에 투자한 전문 펀드들의 수익률보다 높다는 얘기입니다. 원숭이가 장기 투자에서도 전문 투자자를 이기는 방법은 간단합니다. 벽에 붙여 놓았던 개별 종목 리스트를 떼어내고 그 자리에 주식 시장의 '전체 주식'을 담고 있는 주가지수 ETF 한 종목만 기록된 표적지를 붙여 놓습니다. 그리고 원숭이 손에 다트를 쥐여 주고 던지게 하면 됩니다. 그것으로 끝입니다. 이렇게 하면 장기 투자에서도 원숭이가 90퍼센트 이상의 전문 투자자를 이길 수 있습니다. 일반 투자자는 말할 것도 없고요.

제가 말씀드리고자 하는 바를 이해했으리라 생각합니다. 일반 투자자의 주식 투자 전략은 명확합니다. 개별 종목에 투자하지 않고 시장에 나와 있는 '전체 주식'에 장기 투자하는 것입니다. 다시 말해 주가지수를 추종하는 ETF에 장기 투자하는 것입니다. 이렇게 하면 전문 투자자를 능가하는 투자 수익을 올릴 수 있습니다. 이보다 좋은 방법은 없는 것 같습니다.

90세 중반의 투자 달인 워런 버핏은 "내가 죽으면 전 재산의 90퍼센트를 S&P 500을 추종하는 인덱스 펀드에 투자하라"고 유언을 했다고 합니다. 투자를 통하여 세계 2위의 부자에 오른 전문가의 말입니다. 사람들은 그를 오마하의 현인이라고 칭송합니다. 우리보다 경험 많고 유능한 현인의 말에 주의를 기울일 필요가 있습니다.

우리는 워런 버핏이나 존 보글 같은 주식 대가들에게 '슬기로운 주식 투자 방법'을 배울 수 있습니다. 그것은 리스크가 큰 개별 종목에 투자하지 않고, 주가지수를 추종하는 ETF에 투자하는 것입니다. 다시 말해 개별 종목에 투자하지 말고 주식 시장 '전체 종목'에 투자

하는 것입니다. 평생토록 이렇게만 하면 됩니다. 그것으로 끝입니다. 이것이 바로 '신경 안 써도 되는 투자'입니다. 이렇게 하면 주식 투자를 하더라도 '돈을 사랑함'에서 자유로울 수 있을 것입니다.

생애 투자

앞에서 '돈을 사랑함'에서 자유로울 수 있고 투자 리스크도 거의 없는 '전체 주식' 투자에 대해 말씀드렸습니다. 어떤 종목을 선택해야 할지 고민하지 말고 주식 시장에 나와 있는 전체 종목, 다시 말해 주가지수 ETF에 투자하는 것이 크리스천을 포함한 일반 투자자들에게는 가장 바람직하다는 얘기를 했습니다.

주식 투자를 할 때 '투자 종목' 선택 외에 또 신경이 쓰이는 것은 '투자 시기' 선택입니다. 투자자들은 항상 최적의 투자 시점을 찾기 위해 끊임없이 고민합니다. 이러한 고민에서 벗어날 수 있는 방법은 앞에서 잠시 언급했던 '생애 투자'를 하는 것입니다. 우리가 생애의 대부분을 직장 생활을 하면서 보내듯이 주식도 천천히 평생 동안 투자를 한다고 결심하면 투자 시기에 대한 걱정은 하지 않아도 됩니다. 벤 칼슨과 로빈 포웰이 공동으로 저술한 《경제적 자유》에는 다음과 같은 대화 내용이 나옵니다.

"워런, 당신은 세계에서 두 번째 부자입니다. 그런데 왜 다른 사람들은 당신의 투자 전략을 따라하지 않습니까?"

"천천히 부자가 되고 싶은 사람은 없으니까요."

이 시대 최고의 투자 전문가 워런 버핏은 '천천히' 부자가 되려고 하면 부자 되기가 어려운 일이 아니라고 말합니다. 하지만 대다수 사람들은 '빨리' 부자가 되고 싶어 하기 때문에 오히려 부자가 되지 못합니다. 욕심과 조급함이 부자가 되는 길에 놓인 가장 큰 걸림돌입니다. 워런 버핏은 투자에 성공하려면 현실성이 없는 벼락부자의 환상을 버리고 '천천히 부자 되기'를 추구하라고 조언하고 있습니다.

워런 버핏이 말하는 '천천히 부자 되기'란 무슨 의미일까요? 한마디로 눈덩이를 오랫동안 굴리라는 것입니다. 이를 조금 고상하게 말하면 '스노우 볼 효과'(Snow Ball Effect)를 극대화하라는 것입니다. 눈사람을 만들기 위해 눈덩이를 굴리다 보면 처음에는 몇 바퀴를 굴려도 눈덩이가 별로 커지지 않지만, 나중에는 한 바퀴씩 굴릴 때마다 엄청나게 커져서 혼자 힘으로 굴리기 힘들 정도였음을 어렸을 때 경험했을 것입니다. 복리 효과가 있는 안전한 주식 상품을 매입하여 장기 보유하는 것이 바로 스노우 볼 효과를 최대화하는 투자라고 할 수 있겠습니다.

이와 같이 장기 투자, 다시 말해 생애 투자를 하면 '투자 시기'에 대한 고민은 할 필요가 없습니다. 생애 투자에서 소득은 '시간의 경과'에서 발생하는 것이지 투자 타이밍에서 발생하는 것이 아니기 때문입니다. 피터 린치는 다음과 같은 재미있는 분석 결과를 얘기하고 있습니다.

> 여러분이 운이 나빠서 1970년부터 1994년까지 연중 최고점에서 2,000달러를 (S&P 지수 ETF에) 투자했다면 연간 투자 수익률은 8.5퍼센트를 기록했을 것이다. 반대로 여러분이 완벽하게 시장 타이밍을 맞춰 연중 최저점에서 해마다 2,000달러를 투자했다면 연간 수익률은 10.1퍼센트가 되는 것으로 나타났다. 결국 완벽한 시장 타이밍과 억세게 운이 없는 타이밍의 수익률 차이는 연간 1.6퍼센트에 불과했다(피터 린치, 《피터 린치의 투자 이야기》, 흐름출판, 2021, 260~261쪽).

피터 린치의 분석 결과를 보면, 장기 투자의 경우 시장 타이밍을 잘 맞추나 못 맞추나 수익률에는 거의 차이가 없습니다. 따라서 장기 투자를 하는 경우 투자 타이밍을 찾으려는 수고는 의미가 없습니다. 다시 말해 생애 투자를 하게 되면 '투자 시기'에 대한 고민은 하지 않아도 됩니다.

생애 투자를 하는 경우 투자 타이밍을 찾기 위한 노력은 의미가 없다고 했지만 실제 주식 투자를 해 보면 투자 타이밍에 신경이 많이 쓰입니다. 오늘 주식을 매입할까 생각했는데 예상보다 주가가 많이 오른 것 같아서 선뜻 매입을 하지 못합니다. 조금 기다렸다가 매입해야겠다고 생각하고 미루었는데 계속 주가가 상승합니다. 기다려도 주가는 떨어지지 않습니다. 처음 사려고 했을 때 사지 않은 걸 후회합니다.

이런 식의 어정쩡한 투자 활동을 하지 않기 위해 꼭 기억해야 할 것이 있습니다. 주식 투자는 '기계적으로' 해야 합니다. 우리가 정해진 시간에 규칙적으로 식사를 하고 또 잠을 자듯이 주식 투자도 그렇게 해야 합니다. 예를 들어 월급날이 되면 아무 생각하지 말고 일정 액수를 떼어 기계적으로 투자하고, 배당금이 들어오면 이것저것 재지 않고 즉시 기계적으로 재투자하는 식으로 투자하면 됩니다. 월급날이 되었는데 주가를 보니 다른 날보다 올라 있어서 투자를 못하고 망설이는 것은 기계적으로 투자하는 자세가 아닙니다. 주가가 올랐다고 생각되어도 정해 놓은 날에 정해진 액수를 투자하는 것이 기계적으로 투자하는 것입니다. 이것저것 신경 쓰지 말고 정해진 투자 규칙에 따라 기계적으로 투자해 나가기를 권유드립니다. 이런 방식으로 투자하면 주식 투자에 매이는 것을 방지할 수 있고 장기적으로 볼 때 투자 성과도 좋습니다.

지금까지는 주식 투자의 기술적인 면에서 '투자 시기'를 고민할 필요 없는 생애 투자가 바람직하다고 말씀드렸습니다. 하지만 이런 기술적인 면 외에 우리 크리스천이 생애 투자를 해야 하는 더 중요한 이유가 있습니다. 이 방법으로 주식 투자를 하면 돈에 대한 유혹에서 자유로울 수 있기 때문입니다. 많은 사람들이 조급한 마음으로 시세 차익을 노리고 단기 투자에 매달립니다. 단기 투자를 하면 끊임없이 주식에 신경을 쓰게 되어 '일만 악의 뿌리인 돈을 사랑함'(딤전 6:10)의 유혹에서 벗어나기가 어렵습니다. 그러므로 크리스천은 과욕을 버리고 천천히 부자가 되겠다는 마음으로 여유 있게 장기 투자를 하는 것이 바람직합니다. 오랫동안 직장 생활을 하듯이 투자도 조급한 마음을 버리고 여유 있게 평생에 걸쳐 하는 것이 좋습니다.

욕심이 지나쳐 급하게 돈을 벌고자 하면 문제를 일으킬 수 있습니다. 심한 경우에는 죄를 범할 수도 있습니다. 성경 말씀에 재물은 망령되이 얻지 말고 근실하게 모아야 한다고 기록되어 있습니다.

> 망령되이 얻은 재물은 줄어 가고 손으로 모은 것은 늘어 가느니라(잠 13:11).
> Wealth from gambling quickly disappears; Wealth from hard work grows(Proverbs 13:11, Living Bible).

한글 성경에서 '망령되이' 재물을 얻는다는 표현을 영어 성경에서는 '도박으로' 재물을 얻는다고 표현하고 있습니다. 따라서 잠언 13장 11절에서 말하는 망령된 방법으로 재물을 얻는다는 것은, 근실하게 차근차근 재물을 모으는 것이 아니라 일확천금을 노리고 투기적 방법으로 재물을 얻는다는 의미라고 할 수 있겠습니다. 크리스천은 부를 쌓기 위한 투자 활동을 하더라도 투기적 방법으로 하지 말고 욕심을 내려놓은 상태에서 생애 투자를 해서 천천히 부를 쌓는 것이 바람직합니다.

지금까지 주식 투자에 대해 말씀드린 내용을 정리하겠습니다. 주식 투자를 할 때 사람들이 주식에 매여 끊임없이 신경을 쓰는 이유가 '투자 종목'과 '투자 시기' 선택 때문입니다. 하지만 피터 린치와 같은 대가들은 이러한 시세의 추이를 찾는 것은 불가능하다고 합니다. 따라서 사람들은 불가능한 것을 놓고 그 답을 찾으려고 끊임없이 애를 쓰고 있다고 할 수 있겠습니다. 이런 방식으로 주식 투자를 하면 투자 성과도 좋지 않고 직장 일도 망치게 됩니다.

말씀드린 바와 같이 어떤 종목에 투자할지 고민하지 말고 '전체 주식'에 투자를 하고, 언제 투자해야 할지 신경 쓰지 말고 기계적으로 꾸준히 '생애 투자'를 하면 됩니다. 이렇게 하면 돈을 사랑하는 유혹에 빠지지 않고, 투자 성과도 좋아지며, 무엇보다도 본업인 직장 일에 집중할 수 있습니다.

생애 투자의
효과와 전망

앞에서 '생애 투자'의 기본적 내용에 대해 얘기했습니다. 우리 크리스천들은 욕심을 내려놓고 생애 투자를 통하여 천천히 부자가 되는 길을 택하는 것이 좋다고 말씀드렸습니다. 조급한 마음을 내려놓고 천천히 가도 늦지 않습니다. 지금부터는 생애 투자의 효과와 전망에 대해 살펴보도록 하겠습니다.

생애 투자란 5년이나 10년 정도의 장기 투자를 말하는 것이 아닙니다. 우리의 직장 근무 연수와 유사한 30년 이상의 초장기 투자를 의미합니다. 생애 투자, 즉 초장기 투자는 그 효과가 대단히 우수합니다. 초장기 투자의 효과가 얼마나 대단한지를 보여 주는 사례 두 가지를 소개드립니다.

하나는 세계적으로 초장기 투자를 가장 잘한 사람으로 알려진 워런 버핏의 사례입니다. 워런 버핏은 부친의 영향으로 11세 때 처음 주식 투자를 경험했습니다. 이후 대학원을 조기 졸업하고 21세가 되면서 본격적인 투자 활동을 시작하여 95세인 지금까지 계속하고 있습니다. 그의 재산은 우리 돈으로 환산하여 약 180조 원이라고 합니다.

그런데 눈여겨보아야 할 것은 그의 재산의 90퍼센트 이상은 60세 이후에 형성되었다는 사실입니다. 21세 때부터 복리 주식 상품에 투자하여 40여 년이 경과하니 눈덩이처럼 걷잡을 수 없이 커진 결과입니다. 그는 95세의 나이임에도 불구하고 아직도 투자를 하고 있습니다. 그리고 만약 다시 태어난다면 5세나 7세 때부터 주식 투자를 하고 싶다고 합니다. 장기 투자의 효과를 온몸으로 체험했기 때문에 투자 기간을 조금이라도 더 늘리고 싶은 마음에서 이런 얘기를 했습니다.

두 번째 사례인데, 의도하지는 않았지만 제가 근무했던 포스텍 법인도 초장기 투자에 성공한 적이 있습니다. 포스텍 법인은 보유 기금의 대부분을 주식으로 가지고 있습니다. 그중 포스코퓨처엠 주식도 있었습니다. 이 회사 주식을 꽤 많이 가지고 있었지만 매도는 하지 못하였습니다. 세금 때문입니다.

학교 법인과 같은 비영리 내국 법인의 경우, 주식을 매도하여 얻은 차익금으로 다른 상품에 재투자를 하면 최대 23.1퍼센트의 법인세 및 지방세를 납부해야 합니다. 가히 세금 폭탄이라 할 만합니다. 보유 주식을 팔아 차익금으로 재투자를 한다면 납부해야 할 세금 이상의 수익을 올리기는 대단히 어려울 것으로 예상됩니다. 이런 이유로 학교 운영비를 제공할 목적으로 주식을 조금씩 매도하는 경우를 제외하고 대부분의 주식을 계속 보유하고 있었습니다. 법인세에 묶여 어쩔 수 없이 주식을 35년 이상 초장기 보유한 것입니다. 그 결과 2023년 4월 17일자 〈한국경제신문〉에 '포스코퓨처엠 70배 대박 낸 포항공대, 120억 투자해 8,200억 벌었다'라는 헤드라인의 기사가 실렸습니다. 법인세 때문에 어쩔 수 없이 보유한 것이지만 주식 장기 보유의 결과로 나타나는 복리 효과는 경이로울 정도였습니다.

이처럼 실적이 대단히 우수한 초장기 투자 사례가 여럿 있지만, 우리가 지금부터 생애 투자라는 초장기 투자를 해도 이들처럼 좋은 성과를 낼 수 있을까요? 다시 말해 앞으로의 초장기 투자 전망은 어떨까요?

결론부터 먼저 말씀드리면 초장기 투자의 전망은 여전히 밝다고 할 수 있겠습니다. 그 이유는 주식시장이 그동안 지속 성장해 왔고 앞으로도 계속 성장할 것으로 예상되기 때문입니다. 주식시장은 오랫동안 우상향으로 성장해 왔습니다. 예를 들어 미국 주식시장은 과거 200년 동안 해마다 실질 성장률 6.6퍼센트로 끊임없이 성장해 왔습니다. 쉽게 납득이 안 될 정도로 오랫동안 지속적으로 성장했습니다. 그뿐만 아니라 시간이 지날수록 성장률이 점점 증가하는 추세를 보이고 있습니다. 최근 들어서는 연평균 성장률이 10퍼센트를 오르내리고 있습니다.

주식시장이 이렇게 지속적으로 성장하는 이유는 무엇입니까? 크게 두 가지 요인을 생각할 수 있겠습니다. 먼저 생각할 수 있는 것은 끊임없는 과학기술 혁신으로 개별 기업과 국가 경제가 지속적으로 성장하기 때문입니다. 당연히 기업의 주가가 오를 수밖에 없고 시장 전체 지수도 상승할 수밖에 없습니다.

다음으로는 국가의 총 통화량이 지속 증가하는 것도 간과할 수 없는 매우 중요한 이유가 됩니다. 화폐 경제 시대에 총 통화량은 지속 증가할 수밖에 없는 구조를 가지고 있습니다. 통화량이 증가하면 개별 기업의 절대 가치는 동일하더라도 주가는 오를 수밖에 없습니다. 물론 다른 요인들도 있겠지만 이 두 가지 요인이 주가 상승을 견인하는 핵심 요소라고 생각합니다.

하지만 가끔 전쟁과 같은 예기치 못한 악재가 발생하여 개별 기업이나 국가 경제가 실질적으로 역성장하는 경우도 있습니다. 이런 경우에도 대개 5년 정도면 주식시장은 다시 회복되어 계속 성장합니다. 역사적으로 주식시장이 가장 오랫동안 침체에 **빠졌던** 경우는 1929년부터 1945년 사이였습니다. 잘 아시다시피 세계 대공황(1929~1933)과 제2차 세계대전(1939~1945)이 연이어 발생한 기간이었습니다. 이 두 가지 초대형 악재를 만나 시장이 주가를 회복하는 데 15년이 넘는 긴 시간이 걸렸습니다.

대공황 이전까지는 시장의 자유를 중시하는 경제 체제였지만 그 이후부터는 정부가 시장에 개입하는 수정자본주의 경제 체제로 바뀌었습니다. 미국을 비롯한 모든 나라 정부는 경기와 물가를 조절하기 위해 끊임없이 기준 금리를 조정하고 있습니다. 이처럼 정부가 시장에 개입하기 때문에 과거와 같은 대공황은 일어나지 않는다고 봐도 무방할 것입니다. 따라서 우리가 생애 투자를 하더라도 지난 1929~1945년 기간과 같은 장기 초대형 악재를 만날 확률은 극히 낮다고 할 수 있겠습니다.

앞서 몇 가지 사례에서 보았듯 생애 투자, 즉 초장기 투자의 효과는 상상을 초월할 정도로 대단합니다. 복리의 마법이 이런 경이로운 효과를 만들었습니다. 또한 초장기 투자의 미래 전망도 대단히 밝습니다. 지금까지 세계 경제와 주식 시장이 끊임없이 성장해 왔듯이 앞으로도 지속적으로 성장할 것으로 예상됩니다. 그리고 성장 속도는 더 빨라질 것입니다. 모두들 단기간에 부자가 되겠다는 욕심을 내려 놓고 생애 투자를 통하여 천천히 부자 되는 길을 택하기 바랍니다.

전체 주식 생애 투자에
적합한 상품

주식 투자를 할 때 본업에 영향을 주지 않는 투자를 해야 한다고 했습니다. 앞에서 말씀드린 대로 평생 동안 '전체 주식'에 '생애 투자'를 하면 주식 투자 자체에 신경을 쓸 필요가 없게 됩니다. 자신이 정한 원칙에 따라 기계적으로 투자하면 됩니다. 따라서 주식 투자를 하더라도 본업에 영향을 받지 않습니다. 이렇게 하면 본업과 투자 모두 성공할 수 있습니다.

여기서는 이런 방식으로 투자하기에 적당한 상품인 주가 지수를 추종하는 상장지수펀드(ETF)에 대해 설명드립니다.

앞에서도 얘기했지만 한두 기업의 주식에 전 재산을 쏟아붓는 것은 투자가 아니라 투기에 가깝습니다. 투기에는 엄청난 리스크가 따릅니다. 미국 GE사는 2000년도에 미국 1등 기업이었습니다. 당시 GE

가 너무나 대단한 회사였고, 저도 부장 시절에 벤치마킹 목적으로 GE를 방문한 적이 있습니다. 하지만 그렇게도 대단했던 GE가 기울기 시작하여 2020년의 GE 주가는 2000년의 20퍼센트 수준까지 하락했습니다. 만일 2000년에 어떤 사람이 자신의 재산을 당시 가장 우량 기업인 GE 주식에 모두 투자했다면 그는 지난 20년 동안 걱정과 근심 속에서 살아야 했을 것입니다.

좋은 기업을 찾아내고 또 그 기업의 미래를 예측하는 것은 전문가에게도 매우 어려운 일입니다. 지금의 1등 기업이 내일도 여전히 그 자리에 있을 거라고 장담할 수가 없습니다. 나의 자산을 키워 줄 수 있는 기업보다 거덜나게 할 수 있는 기업이 훨씬 많다고 보는 것이 타당합니다.

개별 기업에 투자하여 안정적으로 우수한 수익률을 내는 것은 대단히 어렵습니다. 앞서 언급한 적이 있지만 2001년에서 2016년까지 전체 기간을 기준으로 하면, 미국의 월가 전문가들이 운용하는 액티브 펀드의 90퍼센트가 S&P 500 주가지수보다 '낮은' 성과를 기록하였습니다(홍진채, 《거인의 어깨》, 포레스트북스, 2022, 68쪽). 전문가들이 이럴진대 개인 투자자들은 더 말할 나위가 없을 것입니다. 국내 주식시장의 경우 코로나 기간이었던 2020년 4월 1일부터 2022년 5월 6일까지 개인투자자들의 평균 수익률은 1.9퍼센트였다고 합니다. 같은 기간에 코스피지수는 50.72퍼센트, 코스닥지수는 55.22퍼센트 상승하였습니다(《한국경제신문》, 2022.5.15).

위의 예를 보면 개별 투자자는 물론 전문가도 시장 지수만큼 수익률을 내기가 쉽지 않다는 것이 명확합니다. 그러므로 결론은 너무나 자명합니다. 주식 투자 시, 앞으로 주가가 오를 기업을 찾기 위해 힘들게 고민할 필요 없이 주식 시장 지수를 추종하는 ETF에 투자하면 됩니다. 이 ETF에 투자하는 것이 앞에서 반복적으로 말씀드린 '전체 주식'에 투자하는 것입니다.

주식 시장 지수를 추종하는 ETF는 여러 가지가 있지만 대표적이라 할 수 있는 VT(Vanguard Total World Stock ETF)에 대해 소개합니다. VT는 전 세계 약 9,000개 기업을 담은 ETF로 미국 주식 시장에 상장되어 있습니다. 가장 많은 기업의 주식을 편입한 ETF이며, 전 세계 경제의 흐름과 궤를 같이하는 ETF라고 할 수 있습니다. VT는 2008년 6월에 상장되어 금융 위기, 코로나 사태, 금리 인상이라는 악재 속에서도, 2022년 5월 기준으로 연평균 6.87퍼센트의 수익률을 기록하고 있습니다(홍진채, 《거인의 어깨》, 포레스트북스, 2022).

세계 경제는 공황이나 전쟁이 일어나도 몇 년 뒤에는 다시 회복되어 성장합니다. 따라서 전 세계 주식시장 지수를 추종하는 ETF인 VT에 장기 투자하는 경우 복리 효과로 안전하게 고수익을 올릴 수 있습니다. 어느 특정 연도에 마이너스 수익을 기록하더라도 얼마간 시간이 지나면 다시 회복됩니다. 그러므로 주가 변동이 조금 있더라도 개의치 말고 저축하듯이 매달 조금씩 투자하면 나중에 크게 도움이 될 것입니다. VT는 상장일부터 지금까지 연평균 6퍼센트가 넘는 수익률로 투자자의 자금을 복리로 안전하게 증식시켜 주고 있습니다. 만일 해마다 지급받는 약간의 배당금으로 이 주식을 추가로 매입해 나가면 복리 효과는 더 커질 것입니다.

　VT가 세계 경제를 반영하는 ETF라면 미국 경제를 반영하는 미국 주가지수 ETF도 여러 개 있습니다. 미국 S&P 500 지수를 추종하는 것, 미국 나스닥 지수를 추종하는 것 등이 있습니다. 이러한 ETF는 당연히 미국 주식 시장에 상장되어 있습니다만 동일한 성격의 ETF가 국내 운용사를 통해 국내에도 상장되어 있습니다. 자신의 취향에 따라 국내 시장에 투자할 수도, 미국 시장에 투자할 수도 있습니다. 또한 미국 주식 시장의 주가를 추종하는 ETF가 있는 것처럼 한국 주식 시장 지수를 추종하는 ETF도 있습니다. 이 ETF는 당연히 국내 시장에서만 매입할 수 있습니다. 이러한 주가 지수 ETF는 개별 주식에 비해 훨씬 안전합니다. 그리고 장기 투자 시 복리 효과로 수익률도 우수합니다.

　앞에서 말씀드린 주가 지수 ETF 외에 편안하게 장기 투자할 수 있는 상품으로 배당주 ETF가 있습니다. 배당주 ETF는 말 그대로 배당을 많이 주는 주식들을 편입한 ETF입니다. 배당주 ETF도 '전체 주식 생애 투자'를 하기에 좋은 ETF입니다. 엄밀히 말해 배당주 ETF는 '전체 주식'이라 하기에는 무리가 있습니다. 왜냐하면 배당주를 담은 ETF들은 대략 100개 정도의 개별 주식을 담고 있기 때문입니다. 하지만 배당주 ETF도 주가 지수 추종 ETF와 유사하게 주가 변동이 적고, 배당금을 재투자하면 꾸준히 복리로 성장하는 상품이기 때문에 '전체 주식' 카테고리 안에 넣었습니다.

　배당주 ETF는 종류에 따라 다르지만 해마다 3~6퍼센트 정도의 배당을 지급해 줍니다. 따라서 어떤 해에 경기가 좋지 않아서 주가가 하락해도 큰 걱정이 없습니다. 배당을 받아 주가 하락에 따른 손실을 일정 부분 만회할 수 있으니까요. 배당주는 주식의 특성상 주가 하락 변동성이 낮습니다. 다시 말해 주가 하락기에 다른 종류의 주식에 비해 하락 폭이 적습니다. 그 이유는 주가가 하락하면 배당 수익률이 커지기 때문에 고배당금을 받고자 하는 신규 투자가 유입되어 주가 하락을 막아 주는 경향이 있기 때문입니다.

대표적인 배당주 두 가지를 소개하고자 합니다. 먼저 소개할 것은 리츠(REITs, Real Estate Investment Trusts)입니다. 리츠란 투자자들로부터 자금을 모아 부동산에 투자하고 거기서 발생한 수익을 투자자에게 배당하는 부동산투자신탁으로서 일반 주식처럼 주식시장에서 누구나 자유롭게 매매할 수 있습니다. 리츠는 배당 가능 이익의 90퍼센트 이상을 의무적으로 배당해야 하는 상품입니다. 다시 말해 리츠는 시세 차익이 아닌 배당 이득을 목적으로 만들어진 상품입니다. 따라서 리츠는 배당률이 기본적으로 높습니다. 참고로 2021년 국내 상장 리츠들의 평균 시가 배당률은 5.8퍼센트였습니다(서원형, 《리츠의 비밀》, 에프앤가이드, 2022).

리츠는 대부분 분기 또는 반기 배당을 합니다. 배당금으로 리츠에 재투자를 하면 복리 효과를 누릴 수 있습니다. 배당금 재투자 효과와 주가 상승분을 고려하면 리츠는 연 수익률 약 7~8퍼센트의 복리로 수익이 늘어나는 상품이라 할 수 있겠습니다.

다음으로 소개할 배당주는 미국 주식 시장에 상장되어 있는 '배당 왕족주'와 '배당 귀족주'입니다. 배당 왕족주란 50년 이상 배당을 꾸준히 늘려온 기업의 주식을 말하는데 이런 주식이 미국에 49개가 있습니다. 50년이면 기업이 생겨났다가 성장기를 거쳐 폐업에 이를 정도에 해당되는 긴 기간입니다. 이런 긴 기간 동안 끊임없이 배당을 늘려 왔다는 것은 쉬운 일이 아니라고 생각합니다. 이런 기업에 신뢰가 가지 않을 수 없습니다. 코카콜라 같은 회사가 여기에 해당되는 회사입니다.

배당 귀족주는 S&P 500대 기업에 포함되는 우량주 중에서 25년 이상 배당을 늘려온 기업의 주식을 말하는데 이런 주식이 68개가 있습니다. 존슨앤존슨 등이 여기에 해당되는 기업입니다. 미국 주식시장에는 배당 왕족주와 귀족주를 편입한 ETF 상품이 있습니다. 이런 상품에 생애 투자를 해나가는 것도 좋다고 생각합니다.

저는 첫 직장을 떠나 대학 법인으로 자리를 옮긴 후 기금 관리 업무를 하면서 집중적으로 주식 공부를 하였습니다. 대부분의 법인 기금이 주식으로 구성되어 있기 때문입니다. 주식에 대해서는 자산운용사 전문가를 통해 배우기도 하고 책을 읽고 스스로 공부하기도 하였습니다. 그 결과 주식 투자에 대한 제 나름대로의 새로운 관(觀)이 생겼습니다. 여기에 맞춰 개인적으로 직접 투자도 하고 주위 사람들에게 주식 특강도 하였습니다. 이러한 과정을 통해 '전체 종목 생애 투자'가 가장 바람직한 투자 방법이라고 확신하게 되었습니다. 크리스천은 주식 투자를 하더라도 이런 방식으로 해야 '돈을 사랑함'에서 벗어날 수 있다고 생각합니다.

저 개인적으로는 앞에서 말한 주가지수 ETF와 리츠 등에 투자를 하여 지금까지 계속 보유하고 있습니다. 저 스스로 '전체 주식 생애 투자'를 실천하고 있습니다. 비록 주식 투자를 하고 있지만 이런 식의 투자를 하니 주식에는 거의 신경이 쓰이지 않아 본업에 충실할 수 있습니다.

세상은 '벼락부자'를 추구하지만 크리스천은 욕심을 내려놓고 '천천히 부자 되기'를 추구하는 것이 좋을 것 같습니다. 자산을 불리기 위한 노력은 필요하지만, 욕심이 지나치면 어려움을 겪을 수 있습니다. 개별 주식에 단기 투자를 하지 말고 앞에서 소개한 상품 중심으로 일생 동안 꾸준히 투자 활동을 하기를 권유드립니다.

은근과 끈기는
최고의 무기

앞에서도 얘기했지만 장기 투자로 유명한 워런 버핏은 1988년에 매입한 코카콜라 주식을 지금까지 보유하고 있다고 합니다. 코카콜라 주식 매입에 약 13억 불 정도를 투자했는데 현재 주식 가치는 200억 불을 넘겨 15배가 넘었고, 연간 배당금이 7억 불 정도로 초기 투자금의 50퍼센트가 넘는다고 합니다. 일반인들은 감히 상상조차 할 수 없는 엄청난 수익입니다. 결국 주식을 장기 보유하는 투자 전략이 이런 천문학적인 성과를 만들어 내었습니다.

많은 사람들이 복리 효과가 극대화되는 장기 투자의 위력에 대해 잘 알고 있습니다. 욕심을 내려놓고 천천히 부자가 되겠다는 마음으로 장기 투자를 하면 누구나 경제적 자유에 이를 수 있습니다. 수백 년간의 통계가 이를 입증하고 있고, 장기 투자를 통해 실제로 성공한 워런 버핏 같은 사람들이 이를 증명하고 있습니다. 장기 투자를 하면 누구나 예외 없이 큰 수익을 올릴 수 있습니다.

그런데 왜 내 주위에 있는 사람 중에 장기 투자로 수익을 올린 사람이 거의 없을까요? 그 이유는 바로 장기 투자가 어렵기 때문입니다. 앞에서도 얘기했지만 장기 투자는 사람의 본성을 거스르는 일이기 때문에 무척이나 어렵습니다. 사람들은 자기가 매입한 주식이 오르면 이익을 실현하기 위해 팔고 싶어 하고, 주식이 내리면 더 내릴 것 같은 공포심으로 빨리 매도하고 싶어 합니다. 이러한 본성을 억누르고 20~30년간 주식을 장기 보유하는 것은 쉬운 일이 아닙니다. 이런 이유로 대다수 사람들은 장기 투자에 성공하지 못합니다.

어떻게 하면 사람의 본성을 이기고 워런 버핏처럼 장기 투자에 성공할 수 있을까요? 앞에서 장기 투자에 성공하기 위해서는 세계 경제 성장에 대한 확신을 가질 필요가 있다고 말씀드렸습니다만, 여기서는 각도를 조금 달리하여 우리 민족 속에 있는 DNA를 활용하자는 얘기를 하고자 합니다. 제 생각에 장기 투자에 성공하기 위해서 우리 민족 누구나 가지고 있는 '은근과 끈기'라는 특성을 활용하면 좋지 않을까 합니다.

단군신화를 만든 사람이 누구인지는 모르지만, 신화를 만들 당시에 우리 민족의 특성과 유사한 동물을 찾다가 곰이 가장 비슷하다고 생각해서 단군신화에 웅녀를 도입한 것이 아닌가 생각됩니다. 어릴 때 배운 바와 같이 곰은 햇빛이 없는 동굴에서 쑥과 마늘을 먹으면서 끈기 있게 21일을 견뎌서 사람이 되고 그후 단군을 낳아 우리 민족의 조상이 됩니다. 백수의 왕인 호랑이보다 급이 낮은 곰을 우리 조상의 상징으로 택한 것은 우리 민족성이 급한 호랑이보다는 느린 곰을 많이 닮았다고 판단했기 때문이었을 것입니다.

우리 민족의 은근과 끈기는 조선왕조실록이나 팔만대장경 같은 유산에 명확히 드러나 있습니다. 500년 동안 매일같이 왕조의 역사를 기록한 조선왕조실록이나 경판의 모든 글자체가 동일한 팔만대장경은 초인적 끈기가 없으면 도저히 이룰 수 없는 것들입니다. 외국에서는 유사한 사례를 찾아보기 힘든 우리만의 고유한 유산입니다. 우리 모두는 민족의 공통 특성인 은근과 끈기라는 DNA를 가지고 있습니다. 이런 특성을 충분히 활용하여, 투박해 보이지만 끈기 있게 장기 투자를 하면 누구나 경제적 자유에 도달할 수 있다고 생각합니다.

앞에서 잠시 언급했지만 저는 대학 법인에서 기금 투자 업무를 하면서 동시에 IRP에 넣어 둔 퇴직금으로 개인 투자를 해 왔습니다. IRP 자금 중 50퍼센트 정도는 리츠에 투자하였습니다. 리츠 투자 초기에는 주가도 상승하고 배당금도 꼬박꼬박 받을 수 있어서 아주 만족스러웠습니다. 하지만 2022년 하반기에 금리 인상이라는 엄청난 악재가 발생하였습니다. 대부분의 리츠 자산에는 은행 대출금이 많이 포함되어 있기 때문에 금리 인상이 빠르게 진행되면서 리츠 주가가 약 30퍼센트 정도 하락하였습니다. 손실액이 꽤 컸습니다. 손절하고 싶은 마음이 있었지만 끈기로 버텼습니다.

리츠 주는 주가 하락기에 손절하지 않고 버티기에 상대적으로 수

월한 종목인 것 같습니다. 리츠는 매매 차익이 아닌 배당 이익을 목적으로 출시된 상품이기 때문에 주가 하락기에도 배당은 6~7퍼센트씩 꼬박꼬박 지급되었습니다. 30퍼센트 하락한 주가가 설령 회복이 안 되더라도 몇 년만 보유하고 있으면 배당금 수익으로 손실을 회복할 수 있겠다는 생각이 들었습니다. 따라서 주가가 빨리 회복되지 않아도 그렇게 초조하지 않았습니다. 주식이란 늘 오르고 내리는 특성이 있으므로 배당금이나 받으면서 지내다 보면 언젠가는 다시 오를 것이라고 생각하며 버텼습니다.

이 글을 쓰는 2024년 하반기가 되자 금리 인하가 시작되면서 리츠 주식이 서서히 오르기 시작했습니다. 약 3년 정도를 버티니 긍정적인 변화가 일어나기 시작합니다. 이번에 개인적으로 아주 유익한 경험을 한 것 같습니다. 이러한 경험이 앞으로 주식을 장기 보유하는 데 큰 힘이 되어 줄 것 같습니다(참고로 리츠와 함께 투자한 주가지수 ETF는 꾸준히 좋은 성과를 보이고 있습니다).

국문학자 조윤제 선생님은 "은근은 한국의 미요, 끈기는 한국의 힘이다"라고 하였습니다. 한국의 힘인 끈기는 투자 활동을 할 때 엄청난 힘을 발휘할 수 있습니다. 장기 투자는 성공 확률이 대단히 높지만 인간의 본성을 거스르기 때문에 실천하기 어렵다고 말했습니다. 하지만 우리의 DNA 속에는 끈기라는 좋은 무기가 있습니다. 이것은 성공 투자의 핵심 역량입니다. 투자 활동을 할 때는 최근에 생겨나 우리 성격의 표피 부분에 얕게 자리 잡고 있는 '빨리빨리' 성격은 깨끗이 치워 버리고, 오랜 세월 동안 우리 심성 깊은 곳에 강하게 뿌리내리고 있는 '은근과 끈기'라는 특성을 강하게 발현시켜야 합니다.

은근과 끈기라는 DNA를 가지고 있는 우리 민족이 어쩌면 투자에 있어서 가장 강점을 가진 민족일지 모르겠습니다. 경제적 자유로 들어가는 문은 단순하고 투박해 보이는 은근과 끈기라는 열쇠로 열 수 있습니다. 우리 속에 자리 잡고 있는 이러한 DNA로 '생애 투자'에 성공하여 모두가 경제적 자유를 달성하면 좋겠습니다.

전체 주식
생애 투자 강연

　류시화 시인의 시집 중에 《지금 알고 있는 걸 그때도 알았더라면》이 있습니다. 대략 60세가 넘은 사람이라면 누구나 이 시집 제목에 큰 울림이 있을 거라고 생각합니다. 이 제목에는 아쉬움과 후회가 담겨 있습니다. '지금 알고 있는 걸 그때도 알았더라면' 내 인생이 많이 달라졌을 것이라는 아쉬움 말입니다. 하지만 이미 흘러가 버린 세월을 다시 돌이킬 수는 없는 노릇이지요. 과거의 젊은 자신에게 되돌아가 지금 알고 있는 것을 얘기해 줄 수는 없으니 많은 시니어들이 지금의 젊은이들에게 경험과 지식을 나누어 주려고 생각하는 것 같습니다.

　저도 이런 생각에 '천천히 부자 되기'라는 제목으로 강연 자료를 만들었습니다. 베이비 붐 세대인 우리보다 경제적으로 더 힘들다는

MZ 세대에게 '전체 주식'에 '생애 투자'를 하면 누구나 경제적 자유에 이를 수 있다는 것을 알려 주고 싶었습니다. 또한 이런 식의 투자를 하면 마음이 나눠지 않고 오히려 본업에 더 집중할 수 있다는 사실을 알려 주고자 하였습니다.

주위에 가깝게 지내는 교수님들과 얘기해 보면 지도 학생 중에 코인 투자를 하는 학생들이 더러 있다고 합니다. 교수님들은 이들이 학업에 집중하지 못하는 것 같아 걱정이 많습니다. 저 역시 과거 연구원장으로 재직 시, 직원들과 간담회를 하면서 젊은 직원들 상당수가 코인 투자를 한다는 말을 들은 적이 있습니다.

교수님들은 코인 투자를 하는 학생들의 학업을 주로 걱정하지만 저는 직원들의 안전이 가장 걱정이었습니다. 코인 가격이 심하게 변동할 때는 밤잠을 제대로 못 자고 코인 투자에 매달리는 경우가 있다고 하였습니다. 밤에 잠을 제대로 자지 못하고 출근하여 심신이 불안정한 상태에서 뜨거운 쇳덩어리 같은 위험물을 취급하다가 자칫 큰 사고를 당하지 않을까 걱정이 많이 되었습니다. 젊은 학생들과 직장인들에게 밤잠을 편히 자면서 편안하게 자산을 늘려 갈 수 있는 투자 방법에 대해 알려 주고 싶었습니다.

강연 자료를 만든 후 먼저 제가 몸담고 있는 직장의 직원들을 대상으로 설명했습니다. 일종의 테스트 강연이라고 할 수 있겠습니다. 15명 정도가 제 강연을 들었는데 기대했던 것보다 반응이 좋았습니다. 1시간가량 얘기했는데 집중도가 대단했습니다. 몇몇 직원들의 눈빛에서 강한 공감을 읽을 수 있었습니다. 강연을 들은 직원 몇 사람이 제가 제안한 방법대로 투자를 시작했습니다. 제 강연이 도움이 된 것 같아서 흐뭇했습니다.

직원들을 대상으로 한 첫 강연 이후에 '천천히 부자 되기' 강연이 주위로 확산되었습니다. 제가 지인에게 먼저 강연을 제안하기도 하고, 소문을 듣고 제게 강연을 요청해 오기도 하였습니다. 10명 정도의 소수의 청중 앞에서 강연하기도 하고, 800여 명의 대규모 청중 앞에서 강연을 하기도 했습니다. 강연을 할 때마다 공감하는 눈빛에서 보람과 기쁨을 느꼈습니다.

한번은 새로 부임한 신임 교원 오리엔테이션에서 강연을 하였습니다. 오리엔테이션 종료 후 저녁 만찬 시간에 몇몇 교수들이 제 강연이 무척 유익했다는 얘기를 했습니다. 신임 교원들 중에는 외국에서 장기간 유학한 분들이 많았고 대부분 결혼을 했습니다. 이들의 주된 관심사는 '깊이 있는 연구'입니다. 가급적 다른 것에는 에너지를 쓰고 싶은 생각이 없는 분들입니다. 그렇지만 가장으로서 경제적인 문제도 신경을 쓰지 않을 수 없습니다. '투자는 기계적으로 하고 (신경 쓰지 않고) 본업에 집중하면 된다'는 제 메시지가 이들에게 딱 맞아떨어진 것 같습니다. 이런 연유로 호응이 좋았던 것 같습니다. 이제 직장인으로 새로운 삶을 시작하는 신임 교원들께서 원하는 연구도 마음껏 하시고 '전체 주식 생애 투자'를 통하여 경제적 안정도 이루었으면 하는 바람입니다.

얼마 전에 신임 교원 오리엔테이션에서 제 강연을 들은 교수 한 분을 우연히 만났습니다. 제 강연을 듣고 바로 주가지수를 추종하는 미국 ETF를 샀는데 6개월 만에 수익률이 두 자리 수를 돌파했다며 제게 감사 인사를 했습니다. 저는 축하를 해주면서도 상승한 주가가 시간이 지나면 다시 떨어질 거라고 얘기했습니다. 그러자 그분은 주가가 떨어지면 좋은 기회로 생각하고 좀 더 많이 투자할 생각이라고 하였습니다. 이분은 제가 주장하는 '전체 주식 생애 투자'에 확신을 갖는 듯하였습니다.

제가 몸담고 있는 대학 내 모 부서를 책임지고 있는 교수님이 제게 먼저 연락해서 저의 투자 강연에 대해 문의를 했습니다. 투자 강연을 하고 있는 것을 어떻게 알게 되었느냐고 그분에게 물어 보았더니 얼마 전 송년회에 참석한 자기 제자를 통해서 알게 되었다고 했습니다. 그 제자는 얼마 전 제 강연을 듣고 기존에 보유하고 있던 주식을 모두 처분하고, 대신 제가 제안한 주가 지수 추종 ETF를 매입하였다고 했습니다. 자기의 제자가 제 강연회에 참석한 후 곧바로 투자 종목을 바꿨다는 얘기를 듣고서 제 강연에 '뭔가 있을 것 같다'는 생각이 들어서 연락했다고 하였습니다.

날짜를 정해서 교수님이 책임 맡고 있는 부서에서 대학원생 및 직원들을 대상으로 강연을 하였습니다. 예상보다 많은 학생과 직원들이 참석하여 분위기가 뜨거웠습니다. 강연이 끝난 후 여기저기서 학생들이 "부이사장님, 감사합니다"라는 말을 할 때 많은 보람을 느꼈습니다.

한번은 강연을 마친 후 대학원 학생에게서 아래와 같은 메일을 받은 적이 있습니다.

안녕하십니까? 저는 포스텍 ○○학과 대학원생 ○○○학생입니다. 오늘 강의해 주신 내용 정말 감명 깊게 들었습니다. 항상 주식을 해서 금융 소득을 얻고자 하는 꿈은 있었으나 부이사장님처럼 믿고 말씀을 나누어 주시는 어른이 주변에 없어서 늘 어느 것부터 해야 하는지 망설여 왔습니다. 다행히 오늘 부이사장님의 강의를 듣고 용기를 얻어서 주가지수 ETF에 투자해 볼 생각입니다. 아직은 주식이 어렵고 생소하지만 부이사장님의 말씀에 따라 30년 이상 바라보고 꾸준히 기계적으로 투자하겠습니다. 천천히 부자가 되어서 저도 부이사장님처럼 주변에 선한 영향력을 끼치는 멋진 어른이 되겠습니다. 다시 한번 오늘 좋은 말씀 해 주셔서 정말 감사합니다.

다들 요즘 젊은이들은 부모 세대보다 경제적으로 더 어려울 것이라고 얘기합니다. 그래서 그런지 미래에 대해 걱정하는 학생들이 많은 것 같습니다. 그렇지만 학교는 이들에게 실제 활용할 수 있는 금융 지식을 가르쳐 주지 않습니다. 그래서 많은 학생들이 미래에 대해 걱정은 되는데 구체적인 방법을 몰라 걱정만 하고 있는 것 같습니다. 제 강연을 듣고 위의 학생처럼 도움이 되었다는 메일을 받으면 참 흐뭇합니다.

또 직원들을 대상으로 강연을 한 후 아래와 같은 메일을 받은 적이 있습니다.

오늘 귀중한 강연을 잘 들었기에 감사드리며, 부이사장님의 강의 내용을 다시 한번 반복해서 듣고 실천하며 자녀들에게도 투자 마인드를 길러 주고자 강연 자료를 받아 보고 싶습니다.

저는 이분의 메일에서 '자녀들에게 투자 마인드를 길러 주고 싶다'라는 말에 크게 공감이 됩니다. 자녀들이 금융 투자에 대한 지식을 가지게 되면 경제적으로 풍요로운 삶을 살 수 있을 것입니다. 학생 시절에 용돈을 가지고 '전체 주식 생애 투자'를 조금 경험해 보면, 나중에 커서 소득이 생길 때 자연스럽게 본격적인 투자로 이어질 것입니다. 그렇게 되면 경제적인 문제에 대한 걱정은 잊어버리고 직장 일이나 다른 가치 있는 일에 집중할 수 있을 것입니다.

수년 전 서울에 있는 대학에서 철강과 관련된 강의를 몇 차례 한 적이 있었는데 눈에 거슬리는 학생들이 몇 명 있었습니다. 강의에 집중하지 않고 휴대폰을 계속 만지고 있었습니다. 그런 학생들이 눈에 띄면 강의할 의욕이 없어집니다. 하지만 최근 투자에 관한 주제로 강연을 해 보면 학생들의 집중도가 대단히 높습니다. 휴대폰을 만지는 학생을 찾아보기 힘듭니다. 모두들 눈을 초롱초롱하게 뜨고 강연에 집중합니다. 그만큼 젊은 학생들에게 절실한 주제인 것 같습니다. 앞으로도 기회가 되는 대로 가능한 한 많은 학생들에게 강연을 하려고 합니다. 그동안 주식 투자를 하지 않았던 젊은이라면 제 강연을 듣고 미래를 위해 조금씩 투자를 시작하면 좋겠습니다. 이미 주식 투자를 하고 있는 젊은이라면 잠을 자기 힘들 정도로 신경이 쓰이는 '개별 주식 단기 투자'를 '전체 주식 생애 투자'로 바꾸고 학업이나 직장 일에 집중했으면 하는 바람입니다.

저는 강연을 마무리할 때 가끔 그릿(GRIT)에 대해 얘기합니다. 그릿이란 '열정과 집념이 있는 끈기' 정도로 해석되는 말인데, 우리 민족의 특성인 '은근과 끈기'와도 유사한 말이라고 할 수 있겠습니다. 이 말은 앤절라 더크워스가 쓴 《그릿》(GRIT)이라는 책이 베스트셀러가 되면서 많이 알려졌습니다. 이 책은 IQ나 EQ가 좋은 사람이 성공하는 것이 아니라 그릿이 강한 사람이 성공한다고 합니다.

생애 투자도 마찬가지인 것 같습니다. 그릿이 강해야 생애 투자에 성공할 수 있습니다. 창업보다 수성이 어렵듯이 생애 투자도 시작보다 지속이 어렵습니다. 제가 얘기한 방식대로 투자를 시작하는 것은 그다지 어렵지 않습니다. 그러나 지속하는 것은 어렵습니다. 지속할 수 있는 힘, 그것이 바로 그릿입니다. 제 강연을 들은 젊은이들이 강한 그릿으로 생애 투자에 모두들 성공하기를 기원해 봅니다.

부와 귀가
주께로 말미암고

　인간은 연약한 존재입니다. 육신적으로도 연약하지만 정신적으로도 대단히 연약합니다. 누구나 할 것 없이 높은 자리에 올라가면 사람이 달라집니다. 겸손하던 사람이 하루아침에 거만하게 바뀝니다. 목소리에 힘이 들어가고 걸음걸이가 달라집니다. 정신적으로 허약하기 때문이라고 생각합니다.

　요즘은 휴대폰 문자나 카톡으로 학교 동기들의 경조사에 대해 지나칠 정도로 자주 안내를 받습니다. 안내 문자의 마지막 줄에는 예외 없이 '동기 회장 ○○○'이라고 적혀 있습니다. 이렇게 친절하게 그리고 빈번하게 경조사 소식을 알려 주는 이유를 짐작할 만합니다. 학교 다닐 때 두각을 드러내지 않았던 친구가 동기 회장이 되면 동기회는 엄청나게 활성화됩니다. 경조사 안내뿐만 아니라 이런저런 행사 안내도 끊임없이 날아옵니다. 그동안 명예에 대한 갈증이 너무 컸던 것 같습니다. 어쩌다 통화를 하게 되면 전화기 너머에서 들려오는 목소리가 예전과 다릅니다. 자신감이 넘쳐납니다. 시골 학교 동기 회장 자리가 사람을 완전히 바꾸어 버립니다. 조그마한 감투 앞에 사람이 변하는 것을 보면 우리는 정말 연약한 존재입니다.

크리스천도 부자가 되어 처지가 바뀌면 사람이 달라질 수 있습니다. 무엇보다도 교만을 조심해야 합니다. 물질적으로 가난할 때는 마음도 가난하여 하나님과 사람 앞에 겸손했습니다. 하지만 부유해지면 '내가 잘나서' 재물을 얻었다는 생각이 들 수 있습니다. 위험한 생각이고 잘못된 생각입니다. 성경에서는 하나님께서 재물 얻을 능을 주셨기 때문에 부유하게 된 것이지 내가 잘나서 재물을 얻은 것이 아니라고 분명하게 말씀하십니다.

> 그러나 네가 마음에 이르기를 내 능력과 내 손의 힘으로 내가 이 재물을 얻었다 말할 것이라 하나님 여호와를 기억하라 그가 네게 재물 얻을 능력을 주셨음이라(신 8:17-18상).

하나님께서 재물을 얻을 능력을 주셨음을 인정하지 않고 스스로의 힘으로 재물을 얻었다고 생각하면 교만에 빠질 수 있습니다. 하나님의 뜻을 구하기보다 자기 생각대로 살아가게 됩니다. 하나님으로부터 점차 멀어지게 됩니다. 믿음 생활에서 떠날 수도 있습니다. 이렇게 되면 하찮은 것을 얻고 소중한 것을 잃어버리는 셈이 됩니다. 절대로 이런 우를 범해서는 안 됩니다.

교만해지면 영적인 면뿐 아니라 육적인 면에서도 문제가 생깁니다. '교만은 패망의 선봉'(잠 16:18)이라고 한 것같이 교만해지면 세상살이도 실패하기 쉽습니다. 대인 관계에 문제가 생기고 하는 일에 어려움이 생길 수 있습니다. 교만한 사람에게서는 향기가 사라집니다. 대신 악취가 풍겨 나옵니다. 악취가 나는 사람을 좋아할 사람은 없습니다. 사람들이 하나둘 떠나갑니다. 삶에 만족이 없어집니다. 돈이 많아도 행복하지 않습니다.

힘들게 부자가 되었어도 겸손을 잃어버린다면 오히려 가난한 때보다 못할 수 있습니다. 내 처지가 좋아지더라도 절대로 교만에 빠지면 안 됩니다. 내가 잘나서 처지가 좋아진 것이 아니고 하나님께서 도와주셔서 형편이 나아졌다는 것을 잊어서는 안 됩니다.

결혼하기 전 김포에 살고 계시던 아내의 할아버지를 찾아뵌 적이 있습니다. 45년 전입니다. 당시로는 드물게 일본 유학을 다녀오신 인텔리이셨고 카이잘 수염을 기르신 멋쟁이 할아버지이셨습니다. 할아버지 눈에 너무나 어리게 보이는 제가 행여 당신의 손녀를 나중에 배반이라도 할까 염려가 되셨던지, 제게 하신 첫 말씀이 '시종여일'(始終如一)하라'였습니다. 그때 하신 말씀이 아직도 제 기억 속에 또렷이 남아 있습니다.

할아버지 말씀처럼 사람은 처지와 환경이 바뀌어도 한결같아야 합니다. 그런 사람이 보기가 좋습니다. 그런 사람에게 신뢰가 갑니다. 하나님의 절대 주권을 인정하는 크리스천이라면 부유해졌다고 교만해져서는 안 됩니다. 교만해지면 하나님의 영광을 가리게 되고 크리스천으로서 빛과 소금의 삶을 살 수가 없습니다.

크리스천 직장인이 부유하게 된 이후에 조심해야 할 것이 한 가지 더 있습니다. 번 돈을 쓰지 못하는 어리석음에 빠지면 안 됩니다. 돈을 버는 재미에 지나치게 빠지면 돈을 쓰지 못합니다. 통장 잔고가 늘어나는 것을 보면 기분이 좋습니다. 900만 원이 모이면 어떻게 해서든지 천만 원을 만들고 싶고, 9천만 원이 모이면 1억 원을 만들고 싶습니다. 목표가 달성되면 짜릿한 성취감이 느껴집니다. 마음도 든든해집니다. 이런 식으로 가면 끝이 없습니다. 돈을 모으기만 하고 쓰지는 못하게 됩니다.

70년대에 인기가 있었던 가수 한 분이 "우리나라에는 두 종류의 사람밖에는 없습니다. 바로 돈을 벌다가 죽는 사람과 돈을 벌어 놓고 죽는 사람입니다. 나는 이들과 다르게 살려고 합니다. 제가 번 돈은 다 쓰고 죽겠습니다"라는 말을 했다고 합니다. 상당히 공감이 가는 말입니다. 이분은 돈에 대한 핵심을 잘 알고 있는 것 같습니다. 이분의 말처럼 돈은 써야 합니다. 돈은 쓸 때 의미가 있는 것이지 쓰지 않고 모아 놓기만 하면 무슨 의미가 있겠습니까? 열심히 모은 뒤 쓰지 않고 죽으면 어떻게 됩니까? 남겨 놓은 돈은 자식들에게 도움을 주기보다 해악을 끼치기가 쉽습니다.

모은 재물은 써야 합니다. 그리고 잘 써야 합니다. 그래야 의미가 있습니다. 앞에 예로 든 가수분은 자기 자신을 위해서 돈을 쓰겠다고 했지만 하나님의 은혜로 부유하게 된 크리스천은 재물을 자신뿐 아니라 이웃을 위해서도 써야 합니다. 그렇게 쓰는 것이 잘 쓰는 것입니다.

> 오직 너희를 위하여 보물을 하늘에 쌓아 두라 거기는 좀이나 동록이 해하지 못하며 도둑이 구멍을 뚫지도 못하고 도둑질도 못하느니라(마 6:20).

보물을 하늘에 쌓아 두라고 하셨습니다. 어떻게 하면 보물을 하늘에 쌓을 수 있습니까? 재물을 하나님 뜻에 맞게 잘 사용하는 것이 보물을 하늘에 쌓는 것입니다. 다시 말해 성경에 나오는 고아나 과부 같은 어려운 이웃을 위해 재물을 사용하는 것이 바로 보물을 하늘에 쌓는 것이라고 할 수 있겠습니다. 크리스천은 물질을 이용하여 어려운 처지에 있는 이웃에게 하나님의 사랑을 실제적으로 보여주어야 합니다. 그리고 이런 일을 할 때는 아무런 대가도 기대하지 않아야 합니다. 동기가 순수해야 나누는 행위가 아름답습니다.

보물을 하늘에 쌓는 또 다른 방법은 선교를 위해서 재물을 사용하는 것입니다. 하나님 나라의 확장을 위해 우리가 가진 물질을 드려야 합니다. 영혼을 살리는 일에 물질을 아끼지 말아야 합니다. 이것이 우리가 가진 재물을 가장 가치 있고 고귀하게 사용하는 것이라고 할 수 있습니다. 우리는 하나님께 받은 재물을 이웃을 위해 그리고 선교를 위해 사용해야 합니다. 많이 가진 자가 부자가 아니라 잘 쓰는 자가 진정한 의미에서 부자라고 생각합니다.

잘 쓰는 것은 좋지만 힘들게 번 돈을 남을 위해 쓰면 나중에 내가 다시 빈궁하게 되지 않을까 염려가 되기도 합니다. 그러한 염려는 하나님의 말씀을 보면 기우임을 알 수 있습니다. 우리가 가진 것을 남에게 줄 때 하나님께서는 다시 풍성히 채워 주신다고 말씀하십니다.

> 주라 그리하면 너희에게 줄 것이니 곧 후히 되어 누르고 흔들어 넘치도록 하여 너희에게 안겨 주리라(눅 6:38상).

남을 도와주고 난 뒤 나중에 더 큰 축복을 경험했다는 얘기를 하는 사람들이 많습니다. 애덤 그랜트는 그의 책 《기브앤테이크》에서 "베풂은 100미터 달리기에는 쓸모가 없지만 마라톤 경기에서는 진가를 발휘한다"고 하였습니다. 남을 도와주면 당장은 손해를 보는 것 같지만 길게 볼 때는 오히려 나에게 도움이 된다는 얘기입니다.

저 역시 예순 중반의 나이까지 살아오면서 이 말이 허황된 말이 아님을 많이 경험했습니다. 어떤 조직에서나 리더를 세울 때는 크게 두 가지를 봅니다. 업무 성과와 평판입니다. 업무 성과는 우수한데 평판이 좋지 않아서 승진에서 좌절된 사람들을 수없이 보았습니다. 대부분 베푸는 데 인색한 사람들입니다. 자신의 시간, 재능, 물질을 동료들에게 나누는 사람들이 조직에서 좋은 평판을 얻어 리더가 됩니다. 작은 것을 베풀었는데 큰 것으로 돌려받습니다. 하나님께 받은 재물을 남을 위해 사용해도 내가 어려움에 처하지 않습니다. 설사 어려움에 처한다 하더라도 남을 도울 때 받는 기쁨이 어려움을 충분히 커버한다고 생각합니다.

> 부와 귀가 주께로 말미암고 또 주는 만유의 주재가 되사 손에 권세와 능력이 있사오니 모든 사람을 크게 하심과 강하게 하심이 주의 손에 있나이다(대상 29:12).

크리스천은 부자가 되더라도 "부와 귀가 주께로 말미암았기" 때문에 스스로 자랑할 것이 없습니다. 그러므로 경제적으로 부유해져도 하나님과 사람 앞에서 늘 겸손해야 합니다. 또한 주님께서 내게 주신 재물을 이웃을 위해서 그리고 하나님 나라 확장을 위해서 잘 사용해야 합니다. "모태에서 알몸으로 나왔으니 또한 알몸이 그리로 돌아가는 것"(욥 1:21)을 기억하고 움켜쥔 손을 펴야 합니다. 활짝 편 우리의 빈손 위에 주님의 사랑이 소복소복 내려 쌓일 것입니다.

3부

부와 명예를 넘어

　크리스천 직장인은 두 가지 일을 합니다. 가족들의 생활비와 자녀 교육을 위해 필요한 돈을 벌기 위한 직장 일과 직장 동료들을 주님께로 인도하는 전도자의 일을 합니다.

　직장에서 믿지 않는 동료들을 주님께로 인도하려면 우리 크리스천들의 삶이 본이 되어야 합니다. 안타깝게도 직장 내에서 믿지 않는 동료들에게 존경받는 크리스천을 만나기가 점점 더 어려워지고 있습니다. 교회에서는 존경받는 장로님과 집사님인데 직장에서는 그렇지 못한 경우가 적지 않습니다. 크리스천들에 대한 신뢰가 과거에 비해 많이 약화되었습니다. 이렇게 된 모든 책임은 우리 크리스천들에게 있습니다. "행함이 없는 믿음은 그 자체가 죽은 것이라"(약 2:17)는 성경 말씀이 우리의 마음을 아프게 찌릅니다.

　크리스천은 직장에서 성공하는 것이나 부자 되는 것을 넘어 '하나님의 나라 확장'이라는 사명을 감당하여야 합니다. 이를 위해 무엇보다도 주위 믿지 않는 동료들의 신뢰와 존경을 회복하는 것이 필요합니다. 우리 모든 크리스천들은 "말과 혀로만 사랑하지 말고 행함과 진실함으로 하자"(요일 3:18)는 하나님의 말씀을 무겁게 받아들여야 할 것 같습니다. 이 말씀을 나부터 먼저 받아들이고 실천해야 합니다. 나부터 먼저 꽃을 피우면 언젠가 온 풀밭이 꽃밭이 될 것입니다.

감도 따고
별도 따고

　지금까지 '그리스도인의 승리하는 직장 생활'에 대해 말씀드렸습니다. 40여 년의 직장 생활 경험을 토대로 직장인에게 필요한 롤 모델 설정, 존재감 드러내기, 리스크 테이킹 등 여러 가지 자질들에 대해서 먼저 얘기했습니다. 그다음에는 직장 생활을 하는 크리스천들이 경제적 자유에 이를 수 있는 실제적인 방안에 대해 얘기했습니다. 이 내용은 제가 직장 생활 후반기에 담당했던 기금 관리 업무를 통해 경험하고 확신한 것들을 기초로 정리하였습니다.
　하지만 이런 것들이 우리 크리스천 직장인들의 진정한 삶의 목표가 될 수는 없습니다. 직장인이든 아니든 크리스천의 진정한 목표는 하나님 나라 확장이라는 사명을 감당하는 것이 되어야 합니다.
　제가 살고 있는 아파트 주차장 구석에는 커다란 감나무가 한 그루 서 있습니다. 가을이 되면 주황색 감이 주렁주렁 열립니다. 감나무에는 감만 열리는 것이 아닙니다. 반짝이는 별도 열립니다. 겨울철 깊은 밤에 감나무 밑에 서면 감나무 가지마다 영롱한 별이 달려 있는 것을 볼 수 있습니다. 누군가의 손길을 기다리듯 수많은 별들이 가지 끝에서 반짝이고 있습니다.

우리가 일하고 있는 직장은 가족을 부양하기 위한 삶의 터전입니다. 부지런히 감을 따서 가족들의 의식주를 해결하고 자녀 교육도 해야 합니다. 그렇지만 크리스천에게는 그게 다가 아닙니다. 감도 따야 하지만 별도 따야 합니다. 크리스천에게 직장이란 노동을 지불하고 그 대가를 받는 곳이기도 하지만, 하늘의 별처럼 소중한 영혼들을 구원하는 선교 현장이기도 합니다. 우리는 본이 되는 삶으로 신앙을 증거하고 진리의 말씀으로 복음을 전해서 부지런히 별을 따야 합니다.

하나님의 말씀이나 복음의 진리는 시간이 지나도 변하지 않습니다. 그렇지만 시대에 따라 강조되거나 강조되어야 하는 가치나 덕목은 조금씩 바뀝니다. 오늘날 한국 땅에서 살아가고 있는 우리 크리스천들에게 요구되는 가장 중요한 덕목은 무엇일까요? 저는 크리스천들이 교회 밖 사람들, 즉 믿지 않는 세상 사람들에게 존경받는 것이라고 생각합니다. 과거 선배 크리스천들은 믿는 자나 믿지 않는 자 모두에게 존경을 받았습니다. 하지만 지금은 그렇지 못합니다. 믿는 자는 교회 안에서만 존경을 받고 세상에서는 존경을 받지 못하는 경우가 많습니다. 영적 성숙이 제대로 되지 않아서 그런 것 같습니다. 겉은 크리스천처럼 보이는데 속은 세상 사람과 차이가 없습니다. 이런 상태에서는 전도 자체가 대단히 힘들어지고 맙니다. 과거처럼 크리스천들이 믿지 않는 자에게도 존경받는 것이 매우 절실한 과제라고 생각합니다.

성경도 하나님의 나라 확장을 위해서 크리스천들이 믿지 않는 자들에게 칭찬받는 것이 중요하다는 것을 초대교회 신자들을 통해 잘 보여 주고 있습니다.

> 하나님을 찬미하며 또 온 백성에게 칭송을 받으니 주께서 구원 받는 사람을 날마다 더하게 하시니라(행 2:47).

초대교회 신자들은 믿지 않는 자를 포함하여 '온 백성'에게 칭송을 받았습니다. 우리 믿는 사람들이 어떻게 살아가야 할지를 잘 보여 주는 성경 말씀입니다. 크리스천은 시대와 지역에 상관없이 믿는 자나 믿지 않는 자 모두에게 칭송을 받아야 합니다.

1세기 초대교회처럼 한국의 초기 기독교 신자들도 '온 백성'에게 존경을 받았습니다. 독립선언서에 서명한 민족 지도자 33인 중 기독교인이 16명일 정도로 초기 크리스천들은 믿지 않는 일반 국민들에게도 존경을 받았습니다.

하지만 지금은 그렇지 않습니다. 크리스천들은 '우리들끼리'만 교제하고 사랑하고 존경합니다. 교회 혹은 교인이라는 울타리 안에서만 똘똘 뭉칩니다. 세상과는 심적으로 많이 단절되어 있습니다. 이런 기독교인들을 세상은 더 이상 존경하지 않습니다. 오히려 부정적으로 봅니다. 심한 경우에는 경멸하거나 조롱하기까지 합니다. "소개팅을 주선하려고 어떤 사람이 좋은지 물었더니 '교회 다니지 않는 사람이면 좋겠어!'라는 답변이 돌아왔다"(《온누리신문》, 2023.9.16)라는 신문 기사를 읽은 적이 있습니다. 이것이 우리 크리스천의 현 주소라고 생각합니다.

주님께서는 우리 크리스천들에게 "모든 민족을 제자로 삼으라"(마 28:19)는 사명을 주셨습니다. 이 사명이 너무나 중요하기 때문에 우리는 이 사명을 '지상(至上) 사명'이라고 합니다. 크리스천이 교회라는 울타리 안에서 '우리들끼리만' 사랑하고 존경하면서 믿지 않는 사람들에게는 조롱의 대상이 되는 상황에서 지상 사명 성취는 요원해질 수밖에 없습니다.

지상 사명이라는 가장 중요한 사명을 성취하려면 직장인 크리스천은 주일날 '교회에서만' 믿음 좋은 사람이 되어서는 안 됩니다. 평일 날 자신이 '일하는 직장에서' 믿지 않는 사람들에게 본받고 싶은 사람, 존경하고 싶은 사람이 되어야 합니다. 직장인 크리스천들은 동료들에게는 호감을 받고, 후배들에게는 존경을 받고, 상사에게는 인정을 받아야 합니다.

안타까운 일이지만 직장인 크리스천 중에는 교회 안에서는 존경을 받으나 직장에서는 전혀 그렇지 못한 사례가 적지 않습니다. 제가 알고 있는 장로님 한 분에 대해 간단히 말씀드리겠습니다. 이분은 상당히 젊은 나이에 장로님이 되었습니다. 누가 봐도 믿음이 좋은 분이었습니다. 분에 넘칠 정도로 헌금을 많이 하고, 교회의 여러 가지 힘든 일을 도맡아 처리했습니다. 교회 성장을 위해서 여러 가지 다양한 의견을 내고 그것을 이루기 위해 누구보다 애를 썼습니다. 한마디로 교회의 기둥 같은 분이었습니다. 그런데 이분이 직장에서는 동료들에 비해 심각할 정도로 뒤처졌습니다. 자기보다 나이가 어린 상사 밑에서 일을 하는 상황이 계속되었습니다. 장로님도 힘들었겠지만 상사도 힘이 많이 들었던 것 같습니다. 결국 장로님은 모사(母社)에서 오래 근무하지 못하고 규모가 작은 협력 회사로 일찌감치 옮겨 가셨습니다.

저는 장로님의 마음을 속속들이 알지 못합니다. 다만 다음과 같이 짐작만 해 봅니다. 아마도 그분은 자신의 삶에서 주님을 섬기는 것이 가장 중요하다고 생각하며 열심히 신앙생활을 한 것 같습니다. 그러다 보니 자연히 교회에서 존재감도 커지고 교인들에게 인정도 받습니다. 시간이 흐르면서 교회에서의 역할은 점점 커지고 그에 따라 해야 할 일도 덩달아 많아집니다. 교회 일에 시간과 열정을 쏟는 것에 반비례하여 회사 업무는 소홀해집니다. 자연히 회사에서 좋은 성과를 낼 수가 없습니다. 회사에서 인정도 받지 못하고 승진에서 계속 탈락하게 됩니다. 회사 일에는 점점 소극적이 되고 교회 일에는 점점 적극적이 되는 사이클에 빠져들어 가게 됩니다.

교인들에게는 믿음 좋기로 소문이 났지만 믿지 않는 직장 동료들에게는 결코 호감을 주지 못했을 것입니다. 이런 이미지로 회사 동료들에게 복음을 제대로 전할 수 있을지 의문입니다. 설사 전도를 하더라도 복음을 받아들일 직장 동료가 거의 없을 것 같습니다. 믿음 생활을 하면 나도 저렇게 될지 모른다는 생각을 하지 않을 수 없을 테니까요. 장로님은 믿음 좋은 크리스천으로서 교회를 위해 온갖 수고를 아끼지 않았습니다. 그래서 교인들에게 존경을 받는 사람이 되었습니다. 하지만 안타깝게도 믿지 않는 직장 동료들에게는 '닮고 싶지 않는 사람'이 되었습니다.

크리스천은 믿음 생활을 잘해야 하지만 직장 생활도 잘해야 합니다. 직장에서 누구보다도 더 열심히 일해야 합니다. 그래서 좋은 성과를 내고 인정을 받아야 합니다. 믿지 않는 직장 동료들에게 본받고 싶은 사람이 되어야 합니다. 그렇게 되어야 직장에서 영혼의 별을 딸 수 있습니다.

크리스천의 삶은 쉽지 않습니다. 신앙생활도 잘해야 하고 직장 일도 잘해야 합니다. 어떻게 이렇게 다 잘할 수 있습니까? 특별한 비결은 없습니다. 세상 사람들보다 더 수고해야 합니다. 다른 길은 없다고 생각합니다. 이것이 우리 크리스천들에게 주어진 십자가라고 생각합니다.

> 이에 예수께서 제자들에게 이르시되 누구든지 나를 따라오려거든 자기를 부인하고 자기 십자가를 지고 나를 따를 것이니라(마 16:24).

십자가는 예수님께서 가장 먼저 지셨습니다. 오늘 우리가 지는 십자가와는 비교할 수 없는 죽음의 십자가를 지셨습니다. 예수님뿐만이 아닙니다. 우리에게는 사명 감당을 위하여 자기에게 주어진 십자가를 진 허다한 증인들(히 12:1)이 있습니다. 수많은 믿음의 선배들이 자기 십자가를 지고 앞서 걸어갔습니다.

크리스천은 자기 십자가를 지지 않으면 안 됩니다. 자기 십자가를 거부하면 크리스천으로서 정체성을 버리는 것이나 마찬가지입니다. 크리스천이 자기 십자가를 지지 않는다면 과연 그를 크리스천이라고 할 수 있을까요? 아무런 대가를 지불하지 않고 자기 하고 싶은 대로 하는 사람을 과연 크리스천이라고 할 수 있을까요? 내가 크리스천이라면 그리고 크리스천으로 살아가기를 원한다면 반드시 자기 십자가를 져야 한다고 생각합니다.

우리는 감도 따고 별도 따야 합니다. 두 가지 모두 따려면 믿지 않은 사람들보다 '더 수고하는' 십자가를 감당해야 합니다. 직장에서 믿지 않는 자들보다 더 열심히 일하고 수고해야 합니다. 일을 하더라도 혼자서 열심히 하는 것만으로는 부족합니다. 동료들을 배려하며 일을 해야 합니다. 쉽지 않습니다. 그렇지만 그렇게 해야만 합니다. 직장 동료들에게 '빛과 소금'의 모습을 보여 주어야 합니다. 그렇게 해야만 영혼의 별을 딸 수 있습니다.

별을 따는 일은 힘들지만 가치 있는 일입니다. 주님 안에서 새로운 삶을 살게 된 사람들의 얼굴에서 피어나는 평안한 미소가 우리의 모든 수고를 덮어 버립니다. 그뿐만 아니라 우리의 작은 수고에 하나님께서는 영광스러운 선물을 준비해 두셨습니다. 이 땅에서 영혼의 별을 따는 사람은 밤 하늘의 별과 같이 영원히 빛나게 될 것이라고 성경은 말하고 있습니다.

> 많은 사람을 옳은 데로 돌아오게 한 자는 별과 같이 영원토록 빛나리라(단 12:3 하).

고맥락 사회에서
깨끗함 유지하기

　어릴 적 살던 시골집에는 담장을 따라 나팔꽃이 심겨 있었습니다. 간밤에 비가 온 어느 날 아침, 영롱한 물방울을 머금고 아침 햇살에 빛나는 나팔꽃이 참 예뻐 보였습니다. 나팔꽃은 언제 보아도 예쁘지만 봄비에 깨끗하게 씻기니 한층 더 보기 좋았습니다. 사람도 마찬가지라고 생각합니다. 능력 있는 사람이 행동까지 깨끗하면 한층 더 매력적으로 보입니다. 저절로 존경하는 마음이 생깁니다. 깨끗함이란 사람을 빛나게 하는 좋은 덕목이라고 생각합니다.
　하지만 우리가 사회생활을 하면서 깨끗하게 행동한다는 것은 생각만큼 쉬운 일이 아닌 것 같습니다. 우리는 내 뜻보다는 윗사람의 의중을 잘 살펴 그 뜻대로 일을 해야 유능한 사람으로 인정받는 사회에 살고 있습니다. 이런 사회 분위기에서는 조직의 장이 회사를 위한다는 명분으로 부서 직원들에게 다소 공정하지 못한 일에 대한 암시를 주더라도 모른 체하고 거기에 반하는 행동을 하기가 쉽지 않습니다.

한국 사회를 '고맥락' 사회라고 합니다. 고맥락 사회란 윗사람이 하는 말의 맥락을 신속하고 정확하게 파악해야 성공할 수 있는 사회를 말합니다. 다시 말해 윗사람의 마음을 빠르고 정확하게 읽어서 의도대로 일을 처리할 줄 알아야 유능한 사람으로 인정받아 출세할 수 있는 사회라는 의미입니다.

조선 초기에 활동했던 한명회는 고맥락 사회에서 윗사람의 마음을 신속, 정확하게 파악하여 부귀영화를 누린 대표적인 사람입니다. 그가 윗사람인 세조의 의중을 빠르게 간파하여 신숙주를 위험에서 구해 준 일화는 대단히 유명합니다. 어느 날 연회 자리에서 술에 취한 세조가 신숙주의 팔을 잡으면서 "경도 내 팔을 잡고 술을 마시라"고 말했습니다. 만취했던 신숙주는 세조의 소매 안으로 손을 넣어 팔을 잡았는데 잡는 자세가 이상했던지 세조가 비명을 지르며 고통스러워했다고 합니다.

이를 보고 있던 한명회는 술자리가 끝난 후 급히 신숙주의 집으로 사람을 보내 "오늘은 평소처럼 책을 읽지 말고 바로 잠자리에 들라"고 귀띔을 했다고 합니다. 한명회의 예상대로 세조는 내시를 불러 신숙주의 집으로 가서 그가 책을 보고 있는지 확인해 보라고 했습니다. 내시가 다녀와서 신숙주는 술에 취해 바로 잠이 들었다고 보고하자 세조도 비로소 잠자리에 들었다고 합니다. 세조는 신숙주가 취하지 않았는데도 취한 척하고 고의로 자기 팔을 비틀었는지 의

심하였던 것입니다. 한명회는 수양대군의 책사로 계유정난을 성공시켜 일등 공신의 자리에 올라 영화를 누렸습니다. 한명회에 대한 평가는 사람마다 많이 다르지만 고맥락 사회에 적응하는 능력이 남달랐던 사람임에 틀림이 없습니다.

고맥락 사회에서는 직장 상사의 의중에 반하여 행동하기가 쉽지 않습니다. 회사에 위기가 닥쳤을 때 조직의 책임자는 이 위기에서 벗어나기 위해 다소 불공정한 방법으로 일을 추진해야겠다고 결심할 수 있습니다. 상사가 이와 같이 잘못된 결심을 하더라도 개인주의가 발달한 사회에서는 직원들에게 그런 일을 시키기가 쉽지 않을 것입니다.

하지만 고맥락 사회에서는 직원들에게 그런 일을 시키기가 상대적으로 수월합니다. 왜냐하면 상사가 애매모호한 표현이나 공자님 말씀 같은 지극히 당연한 말로 슬쩍 운만 띄워도 유능한(?) 아랫사람들이 척척 알아듣기 때문입니다. 비록 상사의 요구가 공정성에 다소 문제가 있다 하더라도 애써 모른 체하고 상사의 의중대로 일을 처리합니다. 이런 사회에서 상사의 의중과 다르게 내 손을 더럽히지 않는 방법으로 일을 하겠다고 하면 말귀를 못 알아듣는 무능한 직원으로 낙인 찍히기 쉽습니다.

우리가 고맥락 사회라는 특별한 환경에서 일하고 있더라도 크리스천은 직장에서 깨끗하게 일을 해야 합니다. 고맥락 사회라는 우리의 오랜 전통이 깨끗하지 못한 나의 행동에 면죄부를 주는 것은 아닙니다. 아무 생각 없이 시류에 묻어 가서는 안 될 것입니다. 남들이 다 한다고 나도 그렇게 해서는 안 됩니다. 남들보다 천천히 가더라도 깨끗함을 추구해야 합니다. 힘이 들더라도 영적으로 성숙해지는 것을 포기해서는 안 됩니다.

크리스천이 깨끗함을 잃어버리면 짠맛을 잃어버린 소금과 같이 될 것입니다. 맛 잃은 소금은 아무 쓸데없어 밖에 버리워 사람에게 밟힌다고 (마 5:13) 성경은 말하고 있습니다. 우리 크리스천은 고맥락 사회에 살고 있더라도 항상 깨끗함을 유지해야 합니다. 정직하게 행동하고 죄를 짓지 말아야 합니다.

어떻게 해야 크리스천이 직장에서 깨끗하고 정직하게 생활할 수 있을까요? 우리는 이 질문에 대한 답을 성경 말씀에서 찾을 수 있습니다.

네가 선을 행하지 아니하면 죄가 문에 엎드려 있느니라(창 4:7).

성경 말씀은 그저 죄를 피하려는 소극적인 자세에서 벗어나 선을 적극적으로 행하라고 합니다. 그렇지 않으면 죄가 우리를 집어삼키려고 문 앞에 엎드려 있다고 하였습니다. 우리는 죄를 짓지 않기 위해 죄를 멀리해야 합니다. 하지만 그것으로는 부족합니다. 죄를 짓지 않기 위해 조심하는 것보다 오히려 선을 적극적으로 행하여야 한다고 성경은 말합니다. 고맥락 사회에서 바람직한 크리스천으로 살기 위해서는 솔선수범해서 정직, 청렴을 실천하고 선한 일을 행하는 데 앞장서야 합니다. 이런 자세가 우리를 죄로부터 승리하게 해준다고 합니다.

우리 일상에서도 공세적 자세를 취해야 좋은 결과를 얻는 경우가 많이 있습니다. 축구 시합을 할 때 상대팀이 강한 경우 종종 수비 위주의 경기를 합니다. 하지만 그렇게 해서 상대를 이긴 사례는 별로 없었던 것 같습니다. 계속해서 상대팀의 공격을 받다가 결국 어느 순간 골을 내주고 주저앉은 경우가 대부분이었습니다. 실력이 다소 뒤지더라도 과감하게 공격 축구를 할 때, 예상을 뒤엎고 우리보다 강한 팀을 물리치는 경우를 종종 봅니다. '공격이 최선의 방어'라는 말이 틀린 말이 아니라고 생각합니다.

야생 동물을 만났을 때도 지나치게 약한 모습을 보이지 말라고 합니다. 산에서 멧돼지나 곰을 만나면 절대로 등을 보이며 달아나지 말라고 합니다. 내가 등을 보이는 순간 나를 만만히 보고 공격한다는 것이지요. 세상 만사가 다 비슷한 것 같습니다. 깨끗함의 문제에 있어서도 적극적, 공세적 자세로 대할 때가 소극적, 수세적으로 대할 때보다 승리할 확률이 훨씬 더 높다고 생각합니다.

그럼 직장에서 죄를 짓지 않고 깨끗함을 유지하기 위해 적극적으로 선을 행하려면 어떻게 해야 할까요?

먼저 자기 중심적인 삶에서 벗어나는 것이 필요하다고 생각합니다. 우리는 시간이라는 녀석에게 항상 쫓겨 다니며 바쁘게 살고 있습니다. 모두들 마음이 분주해서 다른 사람을 돌아볼 여유가 없습니다. 하지만 크리스천은 의도적으로 마음의 여유를 갖도록 노력해야 합니다. 힘이 들더라도 시선을 자기 자신에게서 타인으로 돌리는 연습을 해야 합니다. 예를 들어 회사 내의 험한 일을 처리해 주는 협력 업체 직원에게도 관심을 가져 가끔씩 커피 한 잔을 가져다 주다든지, 힘들어 하는 동료가 없는지 살펴보고 그런 사람이 발견되면 같이 밥을 먹으면서 그의 말에 귀를 기울여 준다든지 하는 등 우리의 관심이 자신에게서 다른 사람에게로 향하도록 의식적으로 애써야 합니다. 작지만 이런 능동적인 노력들이 하나하나 쌓여 가면서 우리는 죄로부터 점점 자유로워질 수 있습니다.

다음으로 말씀드리고 싶은 것은 돈에 대한 태도입니다. 회사 경비를 사용할 때는 다소 재량권이 있더라도 회사의 공적인 일에만 사용해야 합니다. 특히 개인이 소지하고 다니면서 사용하는 법인 카드는 절대 사적 용도로 사용해서는 안 됩니다. 한번은 다른 부서 임원이 불평하는 얘기를 들은 적이 있습니다. 그 임원은 법인 카드 담당 부서 직원으로부터 "휴일 날 집 근처에서 법인 카드 사용하는 것을 자제하여 주시기 바랍니다"라는 연락을 받았다고 하면서, 회사가 법인 카드 쓰는 것을 지나치게 제한한다고 불평했습니다. 저는 그분 말을 들어 주면서도 속으로는 동의하지 않았습니다. 아무리 임원이라도 법인 카드를 사적 용도로 사용하는 것은 옳지 못합니다.

고위 임원으로 재직하다가 퇴임하신 분이 있었는데, 그분이 퇴임하자 그분 가까이서 근무했던 사람들이 "○○○은 단돈 천 원짜리 음료수 한 잔을 사 마셔도 법인 카드로 계산하는 짠돌이더라"고 험담하는 것을 들은 적이 있습니다. 그분은 몇 푼 안 되는 돈 때문에 다른 귀한 것을 잃어버린 것 같습니다. 회사 돈을 사용할 때는 회사의 기준보다 더 엄격한 자기 기준을 가지고 사용하는 것이 좋습니다. 이런 것들이 모두 적극적으로 깨끗함을 추구하는 자세라고 생각합니다.

　크리스천은 적극적으로 선행을 하고, 회사의 규칙을 철저히 지키고, 특히 회사 돈은 한 점 의혹이 없도록 정확하게 사용함으로써 정직하고 깨끗한 모범을 보여야 합니다. 깨끗함의 문제에 있어서는 다른 사람과 차별화가 되어야 합니다. 이는 나 자신을 좋게 포장하기 위해서가 아니라 고맥락 사회에서 상사나 동료가 불의한 일에 나를 함부로 끌어들이지 못하게 하기 위함입니다. 고맥락 사회라는 강물이 도도히 흘러도 그 물결에 휩쓸리지 않기 위함입니다. 평소 선한 일에 남다른 열심을 내고 늘 정직하게 행동하여 상사를 포함한 주변 사람들이 나를 '부정한 짓거리와는 거리가 먼 친구'로 인식할 수 있게 하는 것이 좋습니다. 그렇게 되면 비록 윗사람이라 하더라도 내게 부당한 지시를 하기가 쉽지 않습니다. 오히려 속으로는 '대단한 친구네' 하면서 좋게 평가할 것입니다.

　나팔꽃은 아름답습니다. 봄비를 맞아 깨끗해진 나팔꽃은 더 아름답습니다. 크리스천 직장인들은 자기가 속한 조직에서 유능함을 인정받아야 합니다. 그뿐만 아니라 깨끗함도 인정받아야 합니다. 적극적, 공세적 자세로 선을 행할 때 깨끗한 사람으로 살아갈 수 있습니다. 유능함에 깨끗함을 더하여 직장에서 존경받는 사람이 되어야 합니다. 이것이 바로 '빛과 소금의 삶'을 사는 크리스천의 모습이라고 생각합니다. 우리는 이를 위하여 부르심을 받았습니다. 비록 남들보다 천천히 갈지라도 부르심에 합당한 삶을 포기해서는 안 됩니다.

인류세(人類世) 시대의
크리스천의 사명

지난 2000년, 네덜란드 과학자 크뤼천(Paul Crutzen) 박사는 최근 지구환경이 신생대 제4기 충적세(沖積世)를 지나 새로운 지질 시대로 들어갔다고 주장하였습니다. 인류에 의한 자연환경 파괴가 원인이 되어 지구온난화 등 급격한 기후변화가 일어났고, 이로 인해 지구의 환경 체계가 새롭게 변화되었다는 것입니다. 새로운 지질시대의 명칭은 지구환경 변화에 미친 인류의 영향을 강조하기 위해 인류세(人類世)로 부르자고 하였습니다(아직 세계지질과학총회에서 공식적으로 채택되지는 않았습니다).

우리 인류가 작금의 지구 환경 변화에 적절히 대처하지 못하면 인류의 역사는 인류세에서 막을 내릴지도 모르겠습니다. 인류세라는 명칭이 인류의 암울한 미래를 예언하고 있는 것 같아서 섬뜩하게 느껴집니다.

 지금이 크뤼천 박사가 말하는 인류세라는 것을 피부로 느낄 수 있는 일이 제가 거주하는 지역에서도 발생하였습니다. 라오스 말로 돌가시나무라는 의미를 지닌 '힌남노' 태풍이 2022년 9월 6일 포항 지역을 할퀴고 지나갔습니다. 힌남노는 이름 그대로 가시 돋친 돌처럼 예리하고 강하게, 포항 영일만에 위치한 포항제철소 구석구석을 강타하여 엄청난 피해를 입혔습니다. 제철소 압연 지역 100만 평 정도가 어른 키 높이 정도의 물에 잠겼습니다. 주요 배관과 인프라 설비가 있는 지하 15미터 공간은 물과 뻘로 가득 찼고 복구 과정에서 팔뚝만 한 물고기가 발견되기도 했었습니다. 제철소가 건립된 후 50년 동안 수많은 태풍이 통과하였지만 포항제철소가 이처럼 큰 피해를 입은 적은 없었습니다.

 이렇게 피해가 컸던 원인에 대해서는 여러 가지로 생각할 수 있겠으나 지구온난화에 따른 기상이변으로 단시간에 엄청난 비가 내린 것이 결정적인 요인이라 할 수 있겠습니다. 당시 기록을 보면 포항 지역에 시간당 110밀리미터의 비가 쏟아졌는데, 이는 이 지역에 100년에 한 번 내릴까 말까 한 폭우라고 합니다. 과거와 전혀 다른 새로운 지질 시대에 살고 있는 것이 분명한 것 같습니다.

 인류세 시대를 촉발시킨 가장 큰 원인은 앞에서 말한 바와 같이 지구온난화라고 할 수 있겠습니다. 기후변화에 관한 정부 간 협의체(IPCC)는 산업화 등에 따른 온실가스 배출로 가까운 미래(2021~2040)에 지구 표면 온도가 산업혁명 당시 대비 1.5도 상승할 것으로 예상하고 있습니다. UN 산하의 세계기상기구(WMO)도 2027년 이전에 지구 온도가 산업혁명 당시와 비교하여 1.5도를 초과할 확률이 66퍼센트라고 예측하였습니다.

여러 국제기구에서 1.5도를 강조하는 이유는, 이 온도를 티핑 포인트(tipping point)로 보고 있기 때문입니다. 티핑 포인트란 변화가 급격하게 일어나서 이전 상태로 되돌리기 불가능한 상태가 되는 지점을 말합니다. 비록 과학자들이 티핑 포인트에 도달하는 시기를 정확히 언제라고 단정적으로 얘기하지 못하지만 상황이 무척 긴박하다는 것은 분명한 것 같습니다.

IPCC 보고서는 기후변화에 대해서 인간에게 95퍼센트 정도의 책임이 있다고 말하고 있습니다. 아마도 인간의 책임이 100퍼센트라고 언급하고 싶었겠지만 불필요한 논쟁을 피하고자 95퍼센트로 기술한 것이 아닌가 합니다. 이러한 주장은 매우 타당하다고 생각됩니다. 오펜하이머는 원자폭탄을 개발하고 난 뒤 "나는 세상의 파괴자가 되었다"고 말했습니다. 마찬가지로 최근의 기상이변에 대해서 우리도 동일한 고백을 해야 할 것 같습니다. 기상이변에 대해 생각을 달리하는 사람들도 있겠지만 적어도 크리스천이라면 겸손한 자세로 책임을 인정하고 오펜하이머와 같은 고백을 해야 한다고 생각합니다.

점점 심해지는 기상이변에 대해 '내가 파괴자입니다'라는 고백을 하고 그 자리에 머물러 있으면 안 됩니다. '파괴자'의 자리에 머물지 말고 '복구자'로 신속히 변신해야 합니다. 우리 크리스천이 복구자 그룹의 선두에 서야 합니다. 망가진 지구 환경을 원래대로 되돌리는 데 크리스천이 앞장서야 합니다.

어떻게 하면 파괴된 환경을 복구할 수 있을까요? 이에 대한 답을 찾으려면 먼저 지구 환경이 파괴된 원인을 알아야 합니다. 환경 파괴의 원인에 대해서는 다양한 견해가 있는 것 같습니다. 산업화, 화석연료 과다 사용, 인구 증가 등 강조하는 영역이 전문가마다 조금씩 다릅니다. 하지만 자세히 보면 '에너지'가 이들의 공통분모임을 알 수 있습니다. 한마디로 '에너지 과소비'가 기후 재앙을 초래한 핵심 원인이라고 할 수 있겠습니다. 석탄, 석유 등과 같은 화석 에너지 과다 소비로 온난화의 주범인 이산화탄소(CO_2)가 다량으로 배출되어 지구가 '죽음에 이르는 병'에 걸렸습니다. 환경 재앙에 의한 파국을 막기 위해서는 에너지 사용을 줄여야 합니다. 이것이 바로 기후 재앙을 막는 방법입니다.

방법은 너무나 간단합니다. 그러나 실행에 옮기기가 쉽지 않습니다. 여름철에 식당이나 사무실에 에어컨을 너무 심하게 틀어 냉방병이나 감기에 걸리는 경우가 비일비재합니다. 또한 여름철에 고속 열차를 타면 열차 내 온도가 낮아서 긴 옷을 가지고 와서 덧입는 사람들을 심심찮게 볼 수 있습니다. 더위를 많이 타는 사람들이 조금만 양보하면 별로 힘들지 않고도 에너지를 줄일 수 있지만 실제로는 그렇게 하지 못하고 있습니다. 사람들은 조그마한 불편도 참으려 하지 않습니다.

에너지 소비를 줄이기 위해서는 특히 산업계에서 많이 줄여야 합니다. 제조업에서도 줄여야 하고 서비스업에서도 줄여야 합니다. 제조업에서 에너지를 줄이면 제품 생산량이 줄어들 수 있습니다. 서비스업에서 에너지를 줄이면 고객이 줄어들 수 있습니다. 생산량이 줄고 고객이 줄면 매출액이 감소합니다. 그렇게 되면 내 월급이 줄어듭니다. 아무도 이런 불이익을 감수하려고 하지 않습니다.

2023년 9월에 아프리카 북부 리비아에서는 홍수로 2만 명 정도가 사망했습니다. 홍수 피해로는 역사상 유례가 없을 정도로 인명 피해가 컸습니다. 그렇지만 대부분의 사람들은 이런 일을 '나와는 상관없는 일'로 여깁니다. 다른 나라에서 환경 재앙으로 수만 명이 떼죽음을 당하는 것보다 우리 집 개가 감기에 걸린 것이 더 큰 걱정거리입니다. 많은 사람들이 나와 직접적으로 이해관계가 얽히지 않는 일에 대해서는 지나치게 무관심한 것 같습니다.

공동체 전체에 대한 관심은 없고 개인의 이익과 편리함을 추구하기에 분주한 우리들의 모습이, 먹이 경쟁으로 앞만 보고 내달리다가 절벽 아래로 떨어져 죽는 아프리카의 스프링복과 비슷한 것 같아 자괴감이 듭니다. 스프링복은 먹을 풀이 많을 땐 서로 사이 좋게 지냅니다. 하지만 건기가 되어 풀이 부족해지면 앞쪽에 있는 무리들이 풀을 먼저 먹어 치우니까, 뒤에 처져 따라가는 무리들이 속도를 조금 올려 풀이 있는 앞쪽으로 치고 나갑니다. 그렇게 되면 뒤로 처진 무리들이 다시 선두로 나서고자 속도를 더 내게 됩니다. 점차 먹는 것은 잊어버리고 그저 앞서 나가는 것이 이들의 목표가 됩니다. 이 생각 없는 동물들은 그냥 무작정 내달려 스스로 멈출 수 없는 상태가 되고, 불행히도 낭떠러지를 만나면 떨어져 몰살한다고 합니다(이

철규, 《오늘을 그날처럼》, 새물결플러스, 2017).

인류세라는 지질 시대를 초래한 기상 이변 문제를 해결하고자 소수의 환경 운동가들이 열심히 노력하고 있습니다. 하지만 대다수 사람들은 "모두의 책임은 누구의 책임도 아니다"라는 말처럼 에너지 과다 소비에 대해 아무런 책임을 느끼지 않고 있습니다. 답답한 상황입니다. 누구나 이해할 수 있듯이 에너지 과소비 문제는 소수의 환경 운동가들이 풀 수 있는 문제가 아닙니다. 그들의 능력 범위를 넘어서는 과제입니다.

어떻게 해야 할까요? 우리 크리스천들이 나서야 한다고 생각합니다. 직장과 가정에서 크리스천들이 먼저 책임을 느끼고 에너지 줄이기에 앞장서야 할 것 같습니다. 왜 그렇게 해야 합니까? 이 세상이 우리 크리스천들이 섬기는 하나님에 의해 창조되었기 때문입니다.

성경 창세기에는 하나님께서 세상을 창조하시고 대단히 만족하신 것으로 기록되어 있습니다.

> 하나님이 그 지으신 모든 것을 보시니 보시기에 심히 좋았더라 (창 1:31상).

태초에 하나님께서 "보시기에 심히 좋게" 만드신 이 세상이 계속 망가지도록 버려 둘 수 없습니다. 환경 보호는 하나님께서 창조하신 세상 모든 것을 지키는 일입니다. 따라서 크리스천들이 이 일에 앞장서야 합니다. 이 일은 그 무엇보다도 중요하고 긴급한 일입니다.

환경 재앙을 막으려면 '가능한 많은 사람들'이 에너지 줄이기에 동참해야 합니다. 그래야 효과가 있습니다. 이를 위해서 크리스천들이 사명감을 가지고 환경 살리기 전도사 역할을 해야 할 것 같습니다. 잃어버린 영혼을 구원하고자 하는 전도사의 마음으로, 파괴되어 가는 환경을 구원하기 위해 주위 사람들에게 '에너지 줄이기 전도'를 해야 할 필요가 있습니다.

그리고 무엇보다 중요한 것은 크리스천 스스로가 먼저 본을 보이는 것입니다. 내가 불편함을 기꺼이 감수하고 일상생활 모든 분야에서 에너지 절감을 먼저 실천해야 합니다. 이를 위해 급한 마음을 내려놓고 좀 천천히 가면 어떨까 합니다. 조금 힘들고 늦더라도 엘리베이터를 타는 대신 가급적 계단을 이용했으면 좋겠습니다. 가까운 거리는 차를 타지 말고 걷는 것을 습관화하면 이 땅도 건강해지고 나도 건강해집니다.

급하게 간다고 특별히 달라질 건 없습니다. 걸으면서 차분히 어제 있었던 일들을 돌아보며 자신을 성찰하는 시간을 가지는 것도 의미가 있을 것입니다. 에너지 과소비도 내면 깊숙이 들여다보면 결국 욕심 때문인 것 같습니다. 세상이 어떻게 되건 말건 내가 편해야 한다는 욕심을 내려 놓아야 합니다.

환경 보호는 오늘을 살아가는 우리들에게 요구되는 가장 중요한 시대적 사명이라고 생각합니다. 우리 크리스천들의 헌신적인 노력으로 하나님께서 창조하신 이 세상을 잘 보호하여 우리의 후손들이 인류세 이후에도 계속 행복하게 잘 살기를 기원해 봅니다.

손에 장미 향이 남아 있는 크리스천

"교회 다니지 않는 사람이면 좋겠어!"
소개팅을 주선하려고 어떤 사람이 좋은지 물었더니 돌아온 답변이었다. 큰 충격을 받았다. 교회와 크리스천의 이미지가 얼마나 망가졌는지 알 수 있었다(《온누리신문》, 2023.9.16).

이 땅의 기독교가 신뢰를 잃고 점점 쇠퇴하고 있습니다. 사회에서 조롱받는 교회, 텅 비고 늙어가는 교회로 추락 중입니다(《소리》, 2021.11.26). 국내 개신교인 비율은 2017년 20.3퍼센트에서 2023년 16.6퍼센트로 줄었습니다(《크리스천투데이》, 2024.1.18). 그리고 2021년 연말을 기준으로 국내 6개 주요 교단 교인 수는 총 684만 3,436명으로 10년 연속 감소하고 있습니다(《뉴스앤조이》, 2022.9.28).

이와 같은 국내 기독교 쇠퇴의 원인에 대해 말들이 많습니다. 우리 나라가 배부른 선진국이 되었기 때문에 사람들이 더 이상 종교의 필요성을 느끼지 못해서 이렇게 되었다고 얘기하는 사람도 있고, 기독교계 지도자들이 역할을 제대로 못 해서 이 지경이 되었다고 말하는 사람들도 있습니다.

국내 기독교 쇠퇴의 원인이 무엇인지 정확히 진단하기는 쉽지 않을지 모르나 지금이 위기 상황임은 틀림없는 사실입니다. 위기임에는 분명하지만 특별한 해결책이 없는 것 같아 답답합니다. 하지만 넋 놓고 앉아 있을 수만은 없을 것 같습니다. 누군가가 먼저 앞장을 서서 부흥의 돌파구를 마련해야 합니다. 이와 관련해서 가슴에 깊이 와닿는 시가 한 편 있습니다.

> 나 하나 꽃 피어 / 풀밭이 달라지겠냐고 / 말하지 말아라
> 네가 꽃 피고 나도 꽃 피면 / 결국 풀밭이 온통
> 꽃밭이 되는 것 아니겠느냐
> 나 하나 물들어 / 산이 달라지겠냐고 / 말하지 말아라
> 내가 물들고 너도 물들면 / 결국 온 산이 활활
> 타오르는 것 아니겠느냐

조동화 님의 "나 하나 꽃 피어"라는 시입니다. 우리는 이 시에서 세상을 아름다운 꽃밭으로 만드는 방법을 찾을 수 있습니다. 그것은 다른 사람 생각하지 말고 먼저 나부터 꽃을 피우는 것입니다. 내

가 꽃 피우고 그리고 또 너도 꽃 피우면 결국 풀밭이 온통 꽃밭으로 변한다고 했습니다. 너무나 간단한 방법입니다. 역시 진리는 복잡하지 않은 것 같습니다. 이 시에서 말하는 것처럼 꽃 한 송이가 피어 세상을 어떻게 바꾸는지를 잘 보여 주는 사례가 있습니다.

일제 강점기 어느 추운 겨울 밤, 낡은 치마저고리를 입은 푸른 눈의 서양 여자가 광주의 부동교 밑에 있는 움막 안으로 들어갔습니다. 그리고는 거적때기를 뒤집어쓰고 잠을 자려는 백발 거지를 깨우며 말했습니다. "최씨 아저씨, 아직 안 죽고 살아 있소? 담요를 가져왔으니 덮고 주무시오." 자신의 담요를 걸인에게 나누어 준 그녀는 다시 어둠 속으로 총총히 사라졌습니다. 1912년 조선에 온 미국 선교사 서서평이었습니다.

그녀는 22년 동안 조선에 머물면서 미혼모, 고아, 한센인, 노숙인 등 가난하고 병약한 사람들을 헌신적으로 도왔습니다. 그녀는 54세를 일기로 풍토병과 영양실조로 숨졌습니다. 매달 미국 선교 본부로부터 선교비를 풍족하게 받는데도 불구하고 유품으로는 동전 7전, 강냉이 가루 2홉 그리고 담요 반 장이 전부였다고 합니다. 1934년 6월, 광주 시민장으로 거행된 그녀의 장례식에는 소복 입은 여자들, 한센인 등 1천여 명의 사람들이 참석하여 그녀를 '어머니'라 부르며 통곡했다고 합니다.

독일계 미국인 엘리자베스 쉐핑은 32세에 간호 선교사로 조선에 왔습니다. 이름도 서서평으로 바꾸고 54세의 나이로 소천하기까지 어려운 처지에 있는 조선 사람들을 힘껏 도왔습니다. 자신을 온전히 희생함으로써 고결한 꽃 한 송이를 피웠습니다. 그 결과 천여 송이의 크고 작은 꽃들이 활짝 피어나 그녀의 장례식장을 가득 메웠습니다. 장례식장은 커다란 꽃밭이 되었습니다.

우리 크리스천들은 비록 서서평 선교사와 같은 수준의 큰 희생을 하지는 못할지라도 이 세상을 꽃밭으로 만드는 데 크든 작든 기여하도록 부르심을 받은 자라고 생각합니다. 우리는 이 세상을 하나님께서 원하시는 사랑과 평화가 넘치는 꽃밭으로 만들어야 합니다. 이 세상을 꽃밭으로 만드는 방법은, 예수님께서 먼저 보여 주시고 서서평 선교사가 뒤따른 것처럼, 이웃과 공동체를 위해 나부터 먼저 배려하고 양보하고 희생하는 것이라고 할 수 있겠습니다.

오늘을 살아가고 있는 우리 크리스천들도 예수님과 선교사님의 뒤를 따라가야 합니다. 소명이 있는 자라면 아프리카 오지와 같은 열악한 곳으로 가서 사랑의 꽃을 피울 수 있을 것입니다. 이것은 누구에게나 열려 있지만 사실 아무나 할 수 있는 일은 아닙니다. 좀 더 현실적인 방법은 우리 곁에 있는 동료들을 섬기고 사랑하면서 꽃을 피우는 것이 아닐까 합니다. 지금 내가 있는 이곳도 아프리카 오지 못지않게 의미가 있는 곳이라고 생각합니다.

'송인매괴 수유여향'(送人玫瑰 手留余香)이라는 말이 있습니다. 장미꽃을 선물한 사람 손에는 장미 향이 남는다는 뜻입니다. 저는 모든 크리스천들에게서 이런 장미 향이 은은히 풍기면 좋겠습니다. 사랑하는 사람에게 장미꽃을 선물하듯이, 우리 크리스천들은 주위 동료를 칭찬하고 격려하고 도와주는 삶을 살면 좋을 것 같습니다. 그리하면 주변 사람들이 우리 크리스천들을 장미 향같이 향기로운 사람으로 기억하게 될 것입니다.

우리 크리스천 모두가 장미꽃을 선물하는 사람이 되면 이 땅은 온통 장미 향기로 가득한 세상이 될 것입니다. 장미꽃을 받아 든 사람도 장미 향에 취할 것이고 장미꽃을 선물한 우리도 손에 남아 있는 장미 향에 취할 것입니다. 성경은 우리 크리스천들을 '그리스도의 향기'라고 말하고 있습니다. 우리 모두 그리스도의 향기가 은은하게 풍겨 나오는 그런 사람이 되면 좋겠습니다.

> 우리는 구원받는 자들에게나 망하는 자들에게나 하나님 앞에서 그리스도의 향기니(고후 2:15).

앞에서도 얘기했지만 세상을 꽃밭으로 만들려면 무엇보다도 예수님을 따르는 크리스천들이 '먼저' 사랑하고, 희생해야 한다고 생각합니다. 하지만 이 말에 동의하지 못하는 분들도 있을 것입니다. 왜 나만 그렇게 해야 하는가 의문을 품을 수도 있을 것입니다. 그런데 마음 문을 넓게 열고 또 눈을 크게 떠서 주위를 돌아보면 나 혼자만 그렇게 하는 것이 아님을 알 수 있습니다.

> 주여 저희가 주의 선지자들을 죽였으며 주의 제단들을 헐어 버렸고 나만 남았는데 내 목숨도 찾나이다 하니 그에게 하신 대답이 무엇이냐 내가 나를 위하여 바알에게 무릎을 꿇지 아니한 사

람 칠천을 남겨 두었다 하셨으니(롬 11:3~4).

선지자 엘리야가 이세벨에게 쫓겨 호렙산으로 갔을 때 그는 두려움과 절망감에 사로잡혀 선지자들 중에 '나만 혼자' 죽임당하지 않고 살아 있다고 하나님께 말합니다. 그런데 하나님께서는 놀랍게도 너와 같은 사람 '칠천'을 남겨 두었다고 말씀하십니다.

나 혼자라는 생각이 들더라도 용기를 내어 먼저 꽃을 피우면 주위의 다른 화초들도 기다리고 있었던 것처럼 힘차게 꽃을 피우기 시작할 것입니다. '칠천' 송이의 꽃들이 경쟁하듯 피어날 것입니다. 이 칠천 송이의 꽃은 다시 칠만으로 불어날 것입니다. 시간은 걸리겠지만 결국 이 세상은 온통 꽃밭으로 바뀔 것입니다.

이는 물이 바다를 덮음같이 여호와의 영광을 인정하는 것이 세상에 가득함이니라(합 2:14).

주님의 피로 사신 교회가 더 이상 망가져서는 안 되리라 생각합니다. 다시 세상의 신뢰를 회복하고 빛과 소금의 역할을 감당해야 할 것입니다. 다른 사람은 어떻게 하든지 상관 말고 나부터 먼저 이 일에 드려져야 합니다. 그래서 소개팅을 주선할 때 "꼭 교회 다니는 사람이면 좋겠어!"라는 말이 나오도록 했으면 좋겠습니다.

크리스천 직장인의 경제적 자유를 위한
천천히 부자 되기

1판 1쇄 인쇄 _ 2025년 5월 10일
1판 1쇄 발행 _ 2025년 5월 15일

지은이 _ 이덕락
펴낸이 _ 이형규
펴낸곳 _ 쿰란출판사

주소 _ 서울특별시 종로구 이화장길 6
편집부 _ 745-1007, 745-1301~2, 743-1300
영업부 _ 747-1004, FAX 745-8490
본사평생전화번호 _ 0502-756-1004
홈페이지 _ http://www.qumran.co.kr
E-mail _ qrbooks@daum.net / qrbooks@gmail.com
한글인터넷주소 _ 쿰란, 쿰란출판사
페이스북 _ www.facebook.com/qumranpeople
인스타그램 _ www.instagram.com/qrbooks
등록 _ 제1-670호(1988.2.27)
책임교열 _ 김준표·이화정

© 이덕락 2025 ISBN 979-11-94464-64-8 03230

책값은 뒤표지에 있습니다.
이 출판물은 저작권법에 의해 보호를 받는 저작물이므로 무단 복제할 수 없습니다.
파본(破本)은 구입처에서 교환해 드립니다.